現代の経済

Sekine Junichi
関根 順一〔著〕

Modern Economy

中央経済社

はしがき

　経済と言うと，すぐに思い浮かぶのはお金のことかもしれませんが，私たちがお金を使うのは何のためでしょうか。また，私たちは，どのようにしてお金を稼いでいるのでしょうか。私たちは豊かな消費生活を送るためにお金を使っていますし，また大多数の人々は働いてお金を稼いでいます。お金のやり取りの背後には人々の消費生活や生産活動があります。経済とは，消費生活や生産活動を含む人々の暮らしのことであり，特に物質的生活のことです。

　それでは改めて現代の経済はどのような特徴を持ち，現代の経済で私たちは，どのような経済問題に直面しているのでしょうか。経済学は現代の経済の特徴を明らかにし，現代の経済問題に取り組んできました。本書は現代の経済に関する経済学の入門書です。

　いま経済とは人々の暮らしのことであると述べましたが，何気なく過ごしている普段の生活が経済学の研究対象であるとはどういうことでしょうか。普段の生活のどこに研究対象となる事柄があるのでしょうか。実は現代の経済には固有なルールや取り決め，制度があり，また，そこでは多様な経済問題が発生しています。しかし，多くの学生にとって経済を意識することは容易でないかもしれません。

　そこで本書は第一に，現代の経済に関する広範な事実を，歴史的事実だけでなく統計的事実も含めて説明したいと思います。もちろん，数々の事実を系統立てて説明するために経済学の理論を参照することがありますが，理論の解説は本書の中心的な目的ではありません。

　第二に消費生活や生産活動など各人の経済活動は決して相互に無関係ではありません。実際，現代の経済では，さまざまな職場で多数の労働者が協力しながら生産活動に取り組んでいます。簡単に言えば，マクロ経済は国内における多数の人々の経済活動とその相互関係の全体ですが，各人はマクロ経済の構成員であり，各人の生産活動もマクロ経済における社会的生産の一環です。

通常，メディアの経済報道での「経済」は各国のマクロ経済を指します。また，経済分析の上でもマクロ経済からの視点は重要ですが，マクロ経済を意識することも容易ではありません。本書では経済変動や経済問題の説明に際して適宜，マクロ経済に言及します。

第三に現代の経済は過去の経済と対比されます。現代の経済を単独で見る限り，その特徴を把握することは難しいかもしれません。私たちは現代の経済に生きており，そのルールと制度の下で消費生活を送り，生産活動に従事しているからです。そこで，本書では現代の経済だけでなく過去の経済にも触れ，過去の経済と対比しつつ，現代の経済の特徴を明らかにしましょう。

以前，専門科目以外の大学の授業科目は教養科目と呼ばれましたが，今日，現代の経済について学ぶことは一般教養を身につけること以上の意義があるように思います。私たちは現代の経済に生きており，現代の経済は将来，特に本書の若い読者の活躍の場になるでしょう。その一方で，現代の経済は読者に新しい課題と困難を課すかもしれません。いずれにせよ，現代の経済に対する理解は読者の視野を広げるでしょう。著者は，現代の経済に対する理解が読者の「市民的自覚」を高める一助になることを望みます。

本書は，この数年の大学での「現代の経済」の講義から生まれました。本書の内容は受講生の質問や意見等によって大いに改善されましたから，まずは私の講義を受講した学生のみなさんに感謝しましょう。また，九州産業大学経済学部の同僚の先生方にも感謝申し上げます。特に経済学部の内山敏典教授（現経済・ビジネス研究科長），地域共創学部に移籍された秋山優教授（現副学長）には日頃よりお世話になっており，厚くお礼申し上げます。

最後に，中央経済社学術書編集部の納見伸之氏には前著に続いて拙著の編集を快くお引き受け頂きました。また今回の出版は納見氏の提案がきっかけでした。厚くお礼申し上げます。

2019年2月

関根順一

目　次

はしがき

第 I 部　経済構造

第1章　現代の経済の成立

- *1.1*　現代の経済の起源　2
- *1.2*　産業革命　3
- *1.3*　近代以前の社会　5
- *1.4*　近代社会　6
- *1.5*　現代の経済の特徴　7

第2章　1人あたり所得

- *2.1*　「豊かさ」の尺度　9
- *2.2*　1人あたり国民所得　11
- *2.3*　1人あたり所得の上昇　13
- *2.4*　各国間の経済格差　18

第3章　産業構造

- *3.1*　社会的生産の編成　21

- 3.2 現代日本の産業構造 22
- 3.3 工業化の過程 23
- 3.4 工業社会 27
- 3.5 工業化の必要条件 28

第4章 生産技術

- 4.1 生産の定式化 33
- 4.2 生産技術の表現 35
- 4.3 労働生産性 36
- 4.4 機械の導入 39
- 4.5 機械制大工業 41

第5章 家計と企業

- 5.1 前近代社会の経済主体 44
- 5.2 生産組織の形成過程 45
- 5.3 工場制度 47
- 5.4 企業 49
- 5.5 家計 51

第6章 市場経済

- 6.1 家計と企業の役割 52
- 6.2 マクロ経済の基本構造 53
- 6.3 市場メカニズム 55
- 6.4 基本構造の拡張 58

第7章　貨幣制度

7.1 前近代社会の市場取引　62
7.2 近代社会の市場取引　64
7.3 市場取引の費用　66
7.4 直接交換　67
7.5 貨幣取引　70
7.6 貨幣の3つの機能　72
7.7 貨幣制度　73

第8章　金融取引

8.1 投資　79
8.2 直接金融　80
8.3 間接金融　85
8.4 貯蓄　88
8.5 金融市場の役割　90

第Ⅱ部
経済変動

第9章　価格変動

9.1 部分均衡分析　94
9.2 財市場　95
9.3 市場メカニズムの働き　98

9.4 市場間の相互作用　101

9.5 一般均衡分析　105

第10章　景気循環

10.1 周期的経済変動　108

10.2 現代日本の景気循環　110

10.3 4つの経済変数　114

10.4 前近代社会の経済変動　119

10.5 近代社会の経済変動　121

第11章　金融危機とインフレーション

11.1 近年の金融危機　123

11.2 景気循環と金融危機　127

11.3 金融危機への対応　130

11.4 インフレーションの歴史的事例　131

11.5 インフレーションの理論　133

11.6 インフレーションへの対応　135

11.7 デフレーション　137

第12章　経済成長

12.1 経済成長の定義　140

12.2 経済成長率　141

12.3 現代日本の経済成長　143

12.4 経済成長の要因　145

12.5 経済成長の影響　149

第13章　所得格差

13.1　分配国民所得　154
13.2　所得分配の長期動向　156
13.3　ピケティの研究　159
13.4　現代日本の所得格差　162

第14章　少子高齢化

14.1　経済成長の条件　166
14.2　日本の人口成長　169
14.3　産業革命の影響　171
14.4　少子化と高齢化　173

第15章　環境問題

15.1　環境問題の発生　179
15.2　資源配分の失敗　181
15.3　地球環境問題　184

索　引　189

第 I 部

経済構造

第1章
現代の経済の成立

　現代の経済は近代社会の経済です。この章では現代の経済の起源を探り，本書の展開を概観します。

1.1　現代の経済の起源

　非常に大雑把に言えば，経済とは人々の暮らし，特に人々の物質的生活のことです。働くことや学ぶこと，食べることや買い物をすること，これらすべての活動は経済活動です。これらの活動は普通，支障なく進みますが，いつも順調にいくとは限りません。ときに各種の経済問題が引き起こされます。経済学は人々の経済活動に関心を向け，人々が直面する経済問題に取り組んできました。

　「現代の経済」では，経済学のこれまでの研究成果に基づいて人々の経済活動への理解を深め，人々が直面する経済問題を論じます。本書は，現代の経済を通じた経済学の入門書です。

　経済の，もっと詳しい意味や人々の経済活動のさまざまな側面については本書で少しずつ解説していくことにして，ここでは「現代」の意味について考えましょう。「現代」とは，いつのことでしょうか。「現代」がいつから始まるかについては人によって意見が異なるでしょう。ある人は数年前からを現代というかもしれませんし，また，ある人は数十年前からを現代と考えているかもしれません。ある程度，正確な議論をしようとすれば，現代の範囲を，あらかじめ決めておく必要があるでしょう。経済学をはじめ社会科学の研究では日常会話よりも高い正確さが，別な言い方をすれば，厳格さが求められます。

　日本をはじめ先進工業諸国では以下で詳しく説明するように，150年から250年ほど前に非常に大きな社会的変化が起きました。この社会的変化は産業革命（industrial revolution）と呼ばれますが，私たちが暮らしている社

会は産業革命によって誕生しました。私たちが暮らしている社会すなわち近代社会（modern society）は産業革命を経て形成された社会です。私たちは，この近代社会の枠組みの中で経済活動を営んでいます。現代の経済とは近代社会の経済であり，現代は各国の産業革命の完了から始まります。

　自分自身が，この社会に生まれ，この社会のさまざまなルールや慣習を守って生活していることから，私たちは近代社会を太古の昔から変わらない社会と錯覚してしまうかもしれません。しかし，実際には，近代社会は，せいぜい250年ほど前に出現した社会であり，また現代の経済も，いくつかの歴史的条件が整ってはじめて誕生することができた経済なのです。

1.2 産業革命

　近代社会に生きる私たちは，すでに現代の経済について豊富な知識を持ち合わせています。近代社会のルールや取り決め，慣習を知らなければ，近代社会の中で生きていくことは難しいでしょう。日常的な経験や豊富な知識は私たちが現代の経済を学ぶ上で非常に役に立ちます。とはいえ，近代社会で生活しているという事実は反面，近代社会への真の理解を妨げるかもしれません。私たちは，近代社会の多くのルールや慣習，制度を当たり前と見なし，当たり前と考える慣習や制度に特別な関心を払わなくなるかもしれません。現代の経済を学ぶ際の1つの困難は，学習者が，学習者の周囲の慣習や制度を疑うことなく受け入れてしまうことにあるのです。

　それでは，改めて現代の経済への関心を高め，人々の経済活動や種々の経済問題に注意を向けるために私たちは，どうすればよいのでしょうか。その1つの効果的な方法は歴史を学ぶことです。歴史的事実を知り，過去の経験と現在の状況を比較することで，私たちは，現代の経済の仕組みや制度が，いかに特徴的であるか，場合によっては特異であるかに気づくでしょう。本書は，現代の経済の特徴を把握するために過去の経験に注意を払うことにしましょう。

　すでに述べたように，日本をはじめ先進工業諸国の社会は18世紀後半から19世紀末までの間に次々に，産業革命と呼ばれる大きな変化を経験しました。

産業革命の第一の側面は工業化であり、第二の側面は都市化です。

第一に、産業革命以前、住民の大多数は農村に暮らし、その大半は、農耕や牧畜に従事する農民でした。産業革命が起こると、農民は先祖伝来の土地を離れて都市に移り住み、工業労働者になりました。工業化の中で就業者に占める農業従事者の割合が低下し、工業従事者の割合が上昇し、また、社会全体の生産物に占める農産物の比率が下がり、工業製品の比率が上昇してきます。

第二に、都市化の進行とともに全人口に対する農村人口の比率の低下と都市人口の比率の上昇が引き起こされました。改めて産業革命とは、工業化と都市化、さらに、これら2つが住民に及ぼした社会的変化全体を意味します。

最初に産業革命を開始したのは18世紀のイギリスです。イギリスでは1760年前後から1850年頃まで紡績機や力織機、蒸気機関などの技術革新が相次ぎ、さらに、これらの新技術を活用した綿工業や製鉄業を中心に工業生産が拡大しました。国内各地には大規模な工場が次々に建設され、新技術が導入されるとともに大量の工業労働者が雇用されます。またマンチェスターやバーミンガムなどの工業都市も勃興しました。イギリス産業革命は世界で最初の産業革命として非常によく研究されており、産業革命の具体的な姿を知る上で有益です。本書でも折に触れてイギリス産業革命の事例を参照するでしょう。

産業革命の結果、イギリス工業製品の生産性が上昇し、イギリスの輸出競争力は飛躍的に向上します。19世紀に入ると輸出競争力を高めたイギリスの工業製品は綿製品を中心に大陸ヨーロッパに大量に輸出されます。

もっとも、フランスをはじめとする大陸諸国も、こうした事態を静観していたわけではありません。大陸諸国もイギリスに対抗して自国の工業化を進めます。産業革命はフランスやドイツに、次いで他の西ヨーロッパ諸国に波及していきます。

さらに産業革命の波及は西ヨーロッパ地域に限定されません。19世紀中には、西ヨーロッパからの移民が多いアメリカ合衆国やカナダ、オーストラリア、さらには、西欧列強による植民地化を免れた日本にも産業革命の波が押し寄せました。

日本では1868年、明治維新により新政府が政権を掌握しました。明治新政

府は西欧列強の進出に対抗しつつ，富国強兵と殖産興業を唱えて国内の工業化を促進しました。一般に日本の産業革命は1880年代前半に始まり，1910年頃まで続くと考えられています。

20世紀初頭の段階では，産業革命が波及した地域は西ヨーロッパ，北アメリカ，オセアニア，そして日本に限られました。しかし，その後の100年を通じて，アジアとラテンアメリカを中心に世界各国で工業化と都市化が起こりました。これらの地域の工業化や都市化は基本的に西ヨーロッパや日本の産業革命と同じですが，産業革命と呼ばれることはありません。20世紀以後の世界各国の工業化は単に工業化と呼ばれます。

1.3 近代以前の社会

こうして，日本をはじめ先進工業諸国は18世紀後半から19世紀末にかけて，産業革命と呼ばれる大きな社会的変化を経験しました。ここで改めて産業革命の以前と以後を比較してみましょう。

産業革命の結果，すでに述べたように工業化が進展し，産業革命以前は農業生産が中心であった社会は，工業生産が中心である社会に転換します。産業革命以前の社会は，農業生産が社会の主要な生産活動であるという意味で農業社会です。この社会では半数以上の人々が農耕や牧畜に従事し，主要な生産物は農産物です。

ただし，農業社会は，決して農業以外の生産活動が行われない社会ではありません。農業社会においてさえ人々は工業生産に取り組み，各種工業製品を生産しました。産業革命以前においても，実際に衣食住に必要なさまざまな工業製品，たとえば衣服や陶器，農具や武器などが生産されました。しかしながら，社会全体から見れば，これらの工業製品の割合は決して高くありません。社会の主要な生産物はあくまで農産物です。

農業社会であるかどうかは，社会全体の生産に占める農業生産の比重によって決まります。定量的に農業生産の比重が高い社会が農業社会です。農業社会という定性的な説明が定量的な事実に基づいていることに注意しましょう。

典型的には産業革命以前の社会において農民は家族単位で大地を耕し，家族が必要とする穀物・野菜・果実を収穫します。また，家畜を飼い，種々の畜産物を得ているかもしれません。いずれにせよ農民は，大半の食料品と多くの生活必需品を外部から購入することなく直接に手に入れることができます。人々が自ら生産した財を自ら消費する経済を自然経済（natural economy）といいます。産業革命以前の社会は基本的に自然経済です。

とはいえ，ここでも物事を極端に単純化することは危険です。産業革命以前の社会は決して，完全な意味での自給自足経済ではありません。村落に住む農民は，都市の市場（いちば）を訪れ，余剰農産物を，自分では作り出すことのできない衣服や装身具，装飾品等に替えていましたし，都市と都市の間で遠隔地交易が行われていたこともよく知られています。しかしながら，社会全体から見れば，これらの市場取引は決して普遍的ではありません。産業革命以前の社会において相当部分の生産物は市場（しじょう）での売買を経ることなく生産者自身によって消費されました。

私たちは1.1節で，産業革命を経て形成された社会を近代社会と呼びました。一方，産業革命以前の社会は近代社会に先立つ社会であり，この社会を前近代社会（premodern society）と呼びましょう。前近代社会は農業社会であり，その経済は基本的に自然経済です。

1.4 近代社会

産業革命によって，農業生産が中心であった社会は，工業生産が中心である社会に転換しました。社会全体の生産活動に占める工業生産の割合が高まり，産業革命以後も，この割合は上昇を続けます。産業革命以後の社会は，工業生産が社会の主要な生産活動であるという意味で工業社会です。この社会では工業生産に従事する人々の割合が高まり，工業製品が主要な生産物です。

もちろん工業社会においても農業生産は消滅しません。工業社会においても農業生産は残り，種々の農産物が生産されますが，社会全体から見れば，生産物に占める農産物の割合は決して高くありません。しかも，その割合は

徐々に低下していきます。

　非常に多くの場合，産業革命以後の社会すなわち近代社会において工業生産を担う企業は，直接には他の企業や消費者に販売する目的で工業製品を生産します。加えて，この社会で消費者は，毎日の暮らしに必要な食料品や衣料品，日用品を小売店で買い求めます。近代社会では日々の生活は，これらの財の売買なしには，すなわち市場取引なしには立ち行かないでしょう。

　社会の生産物の大部分が日常的に売買される経済を市場経済といいます。近代社会の経済は市場経済です。なお，以下で示すように市場取引の対象は生産物ばかりではありません。

1.5　現代の経済の特徴

　最後に，この章の展開を整理しておきましょう。産業革命を経て形成された社会は近代社会と呼ばれました。私たちが生きている現代の経済は近代社会の経済です。

　前近代社会と比較したとき，近代社会の経済には2つの特徴がありました。第一に，この社会では工業生産が優位であり，第二に市場取引が社会生活の隅々にまで普及しています。そこでは，人々が，工業生産の優位と市場取引の普及を前提に日々の生活を送っています。近代社会が工業社会であり，その経済が市場経済であるという事実は，近代社会に生きる人々の経済活動の前提条件です。

　現実の経済を形成している種々の要因のうち，比較的長期にわたって不変な少数の要因を経済構造と呼びましょう。人々の経済行動は特定の経済構造の中で展開されます。言うまでもなく現代の経済の2つの特徴は，この経済構造の主要な支柱です。

　この経済構造の中で各人は自己利益を求めて生産活動に取り組み，また消費生活を享受しますが，各人の行動は，それらが互いに影響を及ぼし，現代の経済の各所に大小の変化を引き起こすでしょう。人々の活動を通じて経済構造の中に経済変動が生じます。本書の第Ⅰ部では主として経済構造を，第Ⅱ部では主として経済変動を取り上げます。

経済構造は比較的長期間,不変な近代社会の形成要因であると述べました。しかし,近代社会自身が歴史的に生成した社会でした。したがって,その経済構造も歴史的に形成されたのであり,将来にわたって変化しないという保証はありません。

第2章
1人あたり所得

　この章では1人あたり国民所得の概念を示し，1人あたり国民所得の統計に基づいて先進工業諸国の経済発展や先進国と発展途上国の間の経済格差を概説します。

2.1 「豊かさ」の尺度

　人類は非常に長い間，空腹を満たすに足る食料，寒さから身を守る衣服，安全で快適な住居を手に入れるために苦闘してきました。豊かな生活は人々の願いであり，物質的な生活について語られるとき，何よりも，その豊かさが話題になりました。この章では豊かさの指標として1人あたり国民所得を取り上げ，その歴史的変化と地理的分布を概観します。

　最初に人々の生活の豊かさをどのようにして測ればよいのかを考えましょう。消費生活には，食料品や衣服をはじめ種々の財が必要であり，これらの財をより多く消費する生活は，それだけ豊かな生活であると考えることができます。また，消費生活に役立つ財を消費財と呼べば，消費財を生産するには，工場設備をはじめ各種生産設備が不可欠です。各種生産設備を，より多く備えた社会も，それだけ豊かな社会であると言うことができるでしょう。社会全体の物質的豊かさを計測しようとすれば，消費財だけでなく生産設備，さらには人々が共同で利用する道路・鉄道・公共施設なども無視することはできません。

　経済学には，社会全体の生活の豊かさを測る指標として国民所得という概念があります。各種消費財や生産設備，公共施設はいずれも社会が生み出した生産物ですが，非常に大雑把に言って国民所得は，ある国で1年間に生産された財の全体を計測しています。

　各国の政府は毎年，国際的に統一された基準に従って自国の国民所得を計測しており，日本政府も毎年，日本の国民所得を計測し，正式には他の関連

統計とともに『国民経済計算年次推計』として公表しています。

　国民所得は経済学，特にマクロ経済学の基礎概念ですから，もう少し詳しい説明をしておきましょう。物理的には生産活動は各種原材料や部品などを投入して，新たに何か有用な生産物を産出する過程と考えてよいでしょう。一方，経済的には，この過程で各種原材料に何か新しく価値が付加されたと考えるのです。

　たとえば，1台10万円のノート型パソコンの生産に，1台あたり7万円分の電子部品や液晶パネル等が投入されたとしましょう。この生産過程では3万円の価値が付加されたと見なし，この3万円分をパソコン1台分の付加価値（value added）と呼びます。

　なお，この数値例では付加価値は新たに付け加えられた金額になりますが，以下で説明するように，正確には付加価値は金額の増加分ではありません。付加価値は財の量の増加を測っています。少し補足すれば，この数値例において，厳密にはパソコン1台の価格をはじめ，すべての財の価格が変わらないとしたとき，金額3万円がパソコン1台の付加価値になります。さらに，たとえば国内の年間生産台数が100万台であるとき，パソコン生産全体の付加価値は300億円になります。

　同様にして半導体などの各種電子部品の付加価値，さらに半導体製造装置などの生産設備の付加価値を計算することができるでしょう。こうして，国内で1年間に生産されたすべての財とサービスに関して付加価値を計算し，その合計を求めれば，その国の国民所得が得られます。国民所得とは，国内で1年間に生産されたすべての財とサービスに関する付加価値の合計にほかなりません。

　理解を深めるために少し説明を加えておきましょう。パソコンなど各財の付加価値を計算する際，私たちは各財の製品価格から，その財の生産に投入された原材料の金額を差し引きました。したがって，各財の付加価値の合計は，国全体の年間総生産額から，国内の原材料投入の総額を差し引いた値になるでしょう。国全体の生産物の総計を総生産物，さらに総生産物を産出するのに必要な原材料の総計を補塡需要と呼びましょう。総生産物の価格総額から補塡需要の価格総額を控除すれば，純生産物の価格総額が得られますが，

国内のすべての財とサービスの価格が変わらないとき，国民所得は純生産物の価格総額であると言うことができます。

生産活動の結果，企業は従業員に賃金を支払い，また企業経営者は役員報酬を受け取るでしょう。各企業が生み出した付加価値は，企業の生産活動に関与した人々の間に所得として分配されます。

人々が得た所得は，その後，どこに向かうのでしょうか。企業の従業員や経営者は所得の一部を，食料品や衣服など各種消費財の購入に充てるでしょう。あるいは各企業は付加価値の一部を企業所得として確保した上で，企業所得を支出して新しい生産設備を購入するかもしれません。いずれにしても付加価値は人々の所得になり，さらに人々の所得は，各種消費財や生産設備の購入に向かうことになります。

たとえば，前述の数値例で年間1万台のパソコンを製造している企業は3億円の付加価値を生み出しますが，このうち，この企業で働く労働者全体に2億円の賃金が支払われたとしましょう。もちろん労働者各人は賃金所得をすべてパソコンの購入に充てることはありません。しかし労働者は，この賃金所得で，他の企業が生産した食料品や衣料品，家電製品などの消費財を購入することができます。各企業で働く労働者は賃金所得を支出すれば，社会全体が1年間に生産した広範な生産物の一部を取得できるでしょう。

すべての財とサービスの価格が不変であるとき，各国の付加価値の合計は，その国で1年間に生産された純生産物に対応しています。さらに，国全体の純生産物は，基本的に生産活動に参加した人々の間で分配されます。

2.2 1人あたり国民所得

各国政府が毎年，自国の国民所得を計測し，その値を公表していることは，すでに述べました。国民所得は実際に計測されており，計測の精度や範囲に対応して国民所得には，いくつかの種類があります。専門的には国民所得の諸概念は「国民経済計算体系」(System of National Accounts, SNA) に基づいて説明されますが，本書は専門的な議論に踏み込むことはしません。ただ現代の経済を概観する限りで国民所得の種類に触れることにしましょう。

国民所得に関する統計の中で最もよく知られている統計は国内総生産（Gross Domestic Product, GDP）でしょう。日本では内閣府が3カ月ごとに国内総生産の四半期データを公表し，メディアも，しばしば各国の国内総生産を報じています。以前は国民総生産（Gross National Product, GNP）が，よく知られていましたが，国民総生産は2001年以降，政府の公式統計ではありません。いまでは国内総生産が国民所得統計の中心です。なお，かつての国民総生産に相当する計測値は現在，国民総所得（Gross National Income, GNI）と呼ばれます。

　国内総生産は，厳密には計測上の若干の不正確さを残しつつも，基本的に各国で1年間に生産された付加価値の合計を計測しています。したがって，ある国の国内総生産の数値を知れば，その国が物質的にどれだけ豊かであるかがわかるでしょう。国内総生産は国全体の生活の豊かさを測っています。

　さて前節で説明した国民所得は実質国民所得（real national income）と名目国民所得（nominal national income）に分類されます。最初に名目国民所得から説明しましょう。すべての財とサービスに関して各財の付加価値を単純に，計測された年の価格で集計すれば，名目国民所得が得られます。名目国民所得は純生産物の価格総額です。

　ところが，こうして集計された数値には各財の前年からの価格変動分が含まれていますが，国民所得の計測の意図を考慮したとき，計測値が価格変動分を含むことは望ましくありません。というのは，たとえ各財の生産量が変わらなくても，各財の価格が上昇すれば，それだけで名目国民所得は増大してしまうからです。このとき，名目国民所得の増大は必ずしも国民の生活水準の向上を反映していません。

　そこで，価格変動分を取り除くよう統計処理を加える必要があり，この統計処理を経て得られた数値が実質国民所得です。実際の統計処理では，たとえば，ある年を基準年に設定し，基準年における各財の価格を不変とした上で各財の付加価値を集計しています。国民所得の計測の本来の意図は純生産物の財の量を把握することですが，ともあれ実質国民所得を計測することで私たちは多少とも本来の意図に近い計測結果を得るでしょう。

　国民所得が実質国民所得と名目国民所得に分類されるように，国内総生産

も実質国内総生産（実質GDP）と名目国内総生産（名目GDP）に分類されます。統計的には名目国内総生産は，計測された年の価格で集計された国内総生産であり，一方，実質国内総生産は基準年の価格で集計された国内総生産です。価格変動分を取り除くことが実質国民所得を計算した直接の理由でした。国内総生産に関しても，全く同じ理由で実質国内総生産が計算され，メディアでよく使われる表現を使えば，実質国内総生産とは，物価変動の影響を除いた国内総生産の計測値です。なお，本書を含め多くの経済学の文献で，特に限定なしに使われるとき，国民所得あるいは国内総生産は，ほとんどの場合，実質国民所得あるいは実質国内総生産を意味します。

　すでに述べたように国民所得は国全体の生活の豊かさ，より正確には物質的な豊かさを示す経済指標です。国民所得が増えれば，国民はその分，全体として豊かな物質的生活を享受できるでしょう。とはいえ，国全体が豊かであるからと言って，国民1人ひとりの生活が豊かであるとは限りません。人口が多ければ，国民の平均的な生活水準が変わらなくても，それだけで国民所得は大きくなります。国民所得は国民1人ひとりの生活の豊かさを示す経済指標ではありません。

　各国の国民所得を，その国の人口で割ると，1人あたり国民所得が求められます。

$$（1人あたり国民所得）=（国民所得）÷（人口）$$

1人あたり国民所得は国民1人ひとりの生活の豊かさを示す経済指標です。1人あたり国民所得が上昇すれば，国民の平均な生活水準は，その分，向上するでしょう。1人あたり国民所得は，人口規模で調整済みの経済指標であり，異なる国や地域の間の経済格差や1つの国や地域における比較的長期間の生活水準の変化を議論するときに有効です。

2.3　1人あたり所得の上昇

　生産の側から見れば，国民所得は，国内におけるすべての財とサービスの生産の記録と見なすことができます。表2－1には2015年と2016年の生産活

表2－1　生産活動別国内総生産

項目	実数（10億円） 2015年	実数（10億円） 2016年
農林水産業	4,916.5	4,272.1
(1)農業	4,082.9	3,590.8
(2)林業	197.5	185.6
(3)水産業	630.8	496.1
鉱業	229.3	213.8
製造業	105,684.6	107,759.6
(1)食料品	13,033.3	13,218.0
(2)繊維製品	1,378.9	1,316.7
(3)パルプ・紙・紙加工品	2,074.1	2,098.9
(4)化学	11,803.6	12,171.6
(5)石油・石炭製品	4,813.5	4,830.2
(6)窯業・土石製品	2,777.9	2,726.8
(7)一次金属	8,864.0	8,939.9
(8)金属製品	3,835.4	3,710.4
(9)はん用・生産用・業務用機械	14,391.2	14,700.7
(10)電子部品・デバイス	5,942.8	6,133.1
(11)電気機械	7,594.5	7,873.7
(12)情報・通信機器	4,370.1	4,216.0
(13)輸送用機械	14,286.9	15,005.9
(14)印刷業	2,363.8	2,270.2
(15)その他の製造業	7,905.6	8,227.0
電気・ガス・水道・廃棄物処理業	8,393.8	8,743.1
(1)電気業	1,907.9	2,041.5
(2)ガス・水道・廃棄物処理業	6,467.2	6,589.8
建設業	28,044.3	28,365.3
卸売・小売業	73,267.3	73,327.1
(1)卸売業	44,210.4	44,876.9
(2)小売業	29,057.7	28,460.7
運輸・郵便業	24,711.9	24,250.6
宿泊・飲食サービス業	12,067.1	11,891.4
情報通信業	26,948.1	26,896.1
(1)通信・放送業	12,567.1	12,606.9
(2)情報サービス・映像音声文字情報制作業	14,381.7	14,291.9
金融・保険業	26,835.3	26,397.4
不動産業	62,162.3	62,933.6
(1)住宅賃貸業	53,901.2	54,496.4
(2)その他の不動産業	8,254.9	8,430.8
専門・科学技術、業務支援サービス業	36,418.2	37,318.5
公務	26,262.3	26,247.9
教育	19,103.5	19,215.0
保健衛生・社会事業	35,867.7	36,886.7
その他のサービス	22,278.8	21,864.7
小計	512,670.9	516,188.4

注：連鎖方式採用のため，各項目の合計は，その集計値や小計に一致しない。
出所：内閣府「2016年度国民経済計算」。

表2−2　主要国の1人あたり国内総生産：1500-2003

	1500年	1600年	1700年	1820年	1870年	1913年	1950年	1973年	2003年
イギリス	714	974	1,250	1,706	3,190	4,921	6,939	12,025	21,310
フランス	727	841	910	1,135	1,876	3,485	5,271	13,114	21,861
ドイツ	688	791	910	1,077	1,839	3,648	3,881	11,966	19,144
アメリカ合衆国	400	400	527	1,257	2,445	5,301	9,561	16,689	29,037
日本	500	520	570	669	737	1,387	1,921	11,434	21,218
中国	600	600	600	600	530	552	448	838	4,803
インド	550	550	550	533	533	673	619	853	2,160

注：1990 Geary-Khamis 国際ドル評価。
出所：Maddison [2007]．

動別国内総生産を示しました。この表から国内総生産が，農林水産業から製造業，各種サービス業に及ぶ国内のすべての財とサービスの生産を記録していることがわかるでしょう。たとえば鉱工業生産指数も，よく参照される生産統計ですが，鉱工業生産指数が特定の分野の生産活動を調査しているのに対し，国内総生産は，国内のすべての生産活動を調査している点に特徴があります。国民所得統計は包括的な生産統計です。

　日本政府は1955年以来，毎年の国民所得を計測し，公表してきました。それ以前に政府による公式の国民所得統計はありません。しかし，1955年以前も人々は毎年，広範な生産活動に従事しており，その包括的な成果を推計することは日本経済の発展過程を研究する上で非常に重要な基礎的作業です。マクロ経済学や経済史，人口論などの専門分野の研究者は，国内の主要生産物の記録や地域ごとの人口統計を総合して公式統計以前の国民所得，人口，1人あたり国民所得を推計しました。以下では，こうして得られた各国の長期経済統計を示しましょう。

　マディソン（A. Maddison）は21世紀に入ったのを契機に過去2000年に及ぶ世界各地の長期経済統計を刊行しました[1]。表2−2にはマディソンの長期経済統計に基づいて西暦1500年から2003年までの1人あたり国内総生産のデータを示しました。また図2−1は1870年から2001年までの日本の1人あたり国内総生産の推移を示します。

図2−1　日本の1人あたり国内総生産：1870-2001

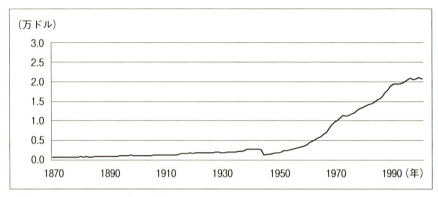

注：1990 Geary-Khamis 国際ドル評価。
出所：Maddison [2007]。

　図2−1を見ると，この間，日本の1人あたり国内総生産が長期的に増加を続けていることがわかります。日本の1人あたり国内総生産は1870年代から増加を開始します。確かに1940年代には日本の1人あたり国内総生産は第二次世界大戦とその後の混乱の中で大きく後退しますが，1950年代以降，再び成長軌道に戻りました。長期的には日本の1人あたり国内総生産は近年までの約150年間，上昇を続けており，国民生活は親から子へ，子から孫へと世代を追うごとに豊かになっていきました。

　それでは1870年代以前の1人あたり国内総生産の推移は，どうなっているでしょうか。再び表2−2を参照すればわかるように，1500年から1870年の間に日本の1人あたり国内総生産はほとんど変化していません。確かに1500年から1870年までの370年間に1人あたり国内総生産は約1.5倍になりましたが，その後のわずか130年間ほどで1人あたり国内総生産は約28倍に拡大するのです。1870年代以降の拡大と比べれば，それ以前，日本の1人あたり国内総生産には，ほとんど変化がないことがわかります。

　図2−2は，表2−2に基づいて日本とイギリスの1人あたり国内総生産を比較しました。イギリスも19世紀前半以降，長期的に1人あたり国内総生産の上昇が続きます。もっとも，1人あたり国内総生産の上昇はイギリスの

図2－2　1人あたり国内総生産：1500-2003

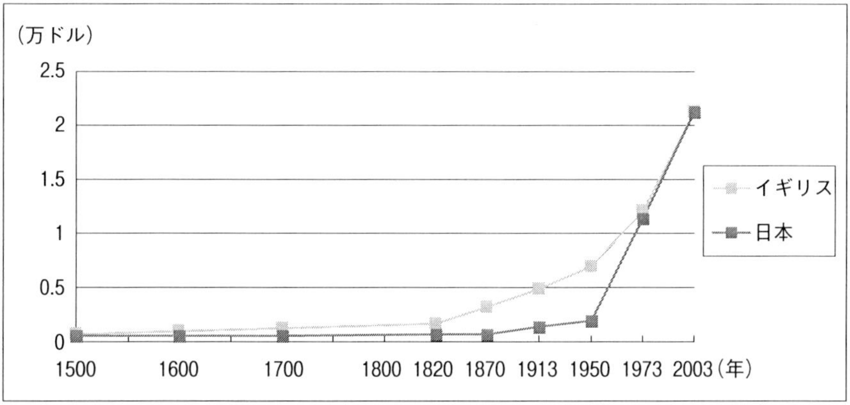

注：1990 Geary-Khamis 国際ドル評価。
出所：Maddison [2007]．

場合，日本より50年ほど早く始まっていることに注意しましょう。その一方で18世紀以前の状況は両国ともあまり変わりません。イギリスの方が，やや高い水準を保つとはいえ，イギリスでも18世紀以前，1人あたり国内総生産の水準は，ほとんど変化しません。また，表2－2から主要国についても同様の傾向を確認できるでしょう。

こうして国民所得の増加すなわち経済成長には2つの型があることがわかります。1つの型は，1人あたり国民所得の水準がほとんど変化しない経済成長です。前近代社会の経済成長は，この型の経済成長であり，この型の経済成長を前近代社会の経済成長と呼びましょう。それに対し，もう1つの型では1人あたり国民所得が持続的に増加します。近代社会では，この型の経済成長が一般的であり，アメリカの経済学者クズネッツ（S. Kuznets）は，この型の経済成長を近代経済成長（modern economic growth）と呼びました[2]。

実は，イギリスをはじめ先進工業諸国では19世紀以降，次々に1人あたり国民所得の持続的な上昇が生じます。近代経済成長は19世紀初頭にイギリスに始まり，その後，西ヨーロッパの大陸諸国，北アメリカ，オセアニアそして日本に波及します。近代以前の経済成長では物質的な意味で人々の生活に大きな変化はありません。一方，近代経済成長では一般に人々の生活水準は

18　第Ⅰ部　経済構造

表2－3　主要国の1人あたり国民総所得

	人口		国民総所得 (GNI)[1]		PPP表示の国民総所得 (GNI)[2]	
	(100万人) 2015年	平均成長率 (%) 2000〜15年	(10億ドル) 2015年	(1人あたりドル) 2015年	(10億ドル) 2015年	(1人あたりドル) 2015年
オーストラリア	23.8	1.4	1,428.5	60,050	1,078.2	45,320
バングラデシュ	161.0	1.4	191.3	1,190	572.6	3,560
ブラジル	207.8	1.1	2,076.1	9,990	3,146.8	15,140
中国	1,371.2	0.5	10,838.1	7,900	19,630.6	14,320
エジプト・アラブ共和国	91.5	1.9	305.9	3,340	980.3	10,710
エチオピア	99.4	2.7	58.9	590	161.2	1,620
フランス	66.5	0.6	2,708.5	40,710	2,773.5	41,680
ドイツ	81.7	0.0	3,739.8	45,790	4,009.4	49,090
ハイチ	10.7	1.5	8.7	810	18.8	1,760
ハンガリー	9.8	−0.2	127.7	12,970	248.2	25,220
インド	1,311.1	1.5	2,088.5	1,590	7,909.9	6,030
インドネシア	257.6	1.3	886.2	3,440	2,752.7	10,690
日本	127.0	0.0	4,931.1	38,840	5,371.1	43,310
ケニア	46.1	2.6	61.8	1,340	141.2	3,070
大韓民国	50.6	0.5	1,389.5	27,450	1,761.9	34,810
フィリピン	100.7	1.7	357.6	3,550	899.8	8,940
ロシア	144.1	−0.1	1,676.0	11,450	3,480.3	23,770
スウェーデン	9.8	0.7	567.3	57,900	477.3	48,700
イギリス	65.1	0.7	2,846.3	43,700	2,685.0	41,230
アメリカ	321.4	0.9	17,994.1	55,980	18,496.0	57,540
ベトナム	91.7	1.1	182.6	1,990	525.0	5,720
世界全体	7,346.7	1.2	77,521.3	10,552	114,933.5	15,644
低所得国	638.3	2.7	395.2	619	1,022.6	1,602
下位中所得国	2,927.5	1.6	5,949.0	2,032	18,762.9	6,409
上位中所得国	2,593.9	0.8	21,426.2	8,260	40,535.2	15,627
高所得国	1,187.1	0.7	49,777.3	41,932	54,766.5	46,135

注1：世界銀行アトラス方式を用いて算出。
注2：PPPは購買力平価。
出所：世界銀行編著『世界開発指標』2018年版。

年々向上していきます。

2.4　各国間の経済格差

1人あたり国民所得は，生活水準の歴史的変化を研究するだけでなく各国間の経済格差を議論する上でも有効です。地球上には先進国（developed country）と呼ばれる豊かな国と発展途上国（developing country）と呼ばれる貧しい国とがあり，両者の間に大きな経済格差が存在することは非常に

よく知られています。それでは改めて，先進国と発展途上国は，どのようにして区別されているのでしょうか。

　先進国と発展途上国は1人あたり国民所得の水準によって区別されます。すなわち先進国は1人あたり国民所得が相対的に高い国々であり，発展途上国は1人あたり国民所得が相対的に低い国々です。もちろん，1人あたり国民所得の水準を反映して先進国では平均的に国民1人ひとりの生活は豊かであり，発展途上国では国民1人ひとりの生活は先進国ほど豊かではありません。

　さて前節では近代経済成長に移行するとともに，各国で1人あたり国民所得の持続的上昇が開始されることを知りました。この歴史的事実を考慮するとき，現在の発展途上国はかつての先進国の姿を示していると言えるのかもしれません。逆に現在の先進国は未来の発展途上国の姿を映しているのかもしれません。近代経済成長の下で，どの国や地域も一様に1人あたり国民所得が上昇していく成長軌道を歩むとき，先進国は，この成長軌道の先頭に立ち，他方，発展途上国は同じ成長軌道をやや遅れて進んでいると見なすことができるでしょう。豊かな国を先進国と，貧しい国を発展途上国と呼ぶのは，このような見方を背景にしています。

　1人あたり国民所得は，より実際的な場面でも活用されています。世界銀行（World Bank）は発展途上国に対する開発援助のために世界の国々を高所得国・中所得国・低所得国の3つに分類していますが，この分類の基準は1人あたり国民所得です。世界銀行が編集した『世界開発指標』2018年版では1人あたり国民総所得によって世界の国々を分類しました。表2−3に『世界開発指標』に基づいて主要国の1人あたり国民総所得を示しました。2016年現在で1人あたり国民総所得が1,005ドル以下の国々が低所得国，1,006ドル以上12,235ドル以下の国々が中所得国，12,236ドル以上の国々が高所得国に分類されます。3つのグループのうち，いわゆる先進国は高所得国に属し，一方，発展途上国は基本的に中低所得国に属します。

　実は分類の基準となる数値は毎年，改定され，この数値は重要ではありません。重要なことは開発援助のかなり実際的な場面においても先進国と発展途上国の区別が基本的に1人あたり国民所得の水準に基づくことです。

注：

(1) Maddison, A., *The World Economy: A Millennial Perspective*, Development Centre of OECD, 2001（金森久雄監訳，政治経済研究所訳『経済統計で見る世界経済2000年史』，柏書房，2004年）. Maddison, A., *Contours of the World Economy, 1-2030 AD*, Oxford University Press, 2007.

(2) Kuznets, S., *Modern Economic Growth*, Yale University Press, 1966（塩野谷祐一訳『近代経済成長の分析』，東洋経済新報社，1968年）.

第3章
産業構造

　この章では産業構造の意味を確認した上で，現代の経済の産業構造および産業構造の変化について学びます。

3.1　社会的生産の編成

　第1章で説明したように，先進工業諸国の社会は産業革命を経て農業社会から工業社会に転換しました。産業革命以来の社会は工業社会です。とはいえ，農業社会が農業のみを営む社会でないのと同様，工業社会も工業生産だけが行われる社会ではありません。より正確には農業社会は農業生産が主要な生産活動である社会であり，工業社会は工業生産が主要な生産活動である社会です。産業革命によって引き起こされたのは実は産業構造の転換でした。この章では産業構造について，さらに詳しく説明しましょう。

　第2章の表2－1には生産活動別の国内総生産を示しました。表2－1を見れば，日本の国内総生産が，農産物から工業製品，さらに各種サービスに至るまで広範な財とサービスによって構成されていることがわかります。

　一般に国内の生産活動の中で同種の財やサービスを生産している生産部門を産業といいます。たとえば自動車を生産している自動車産業や，情報技術（information technology）に関連する財やサービスを供給する情報関連産業などが，よく知られているでしょう。もっとも，事例研究の場合はともかく，国全体の経済活動を分析するとき，製品ごとの分類は細か過ぎるように思われます。社会全体の生産活動の研究では，もう少し広い産業分類が採用されます。

　実際，表2－1では国内の生産部門は農林水産業，製造業，建設業，卸売・小売業，金融・保険業など大きく16の産業に分類されました。生産活動別の国内総生産の構成を見れば，各国経済の特徴を容易に把握できるでしょう。というのは，国内総生産の構成から，どの産業が各国の国内生産の中で，

どれだけの比重を持っているかが，わかるからです。一般に産業構造とは国内生産に占める各産業の構成比を意味します。

さらに従来の経済分析では国内の生産活動は3つに大別され，それぞれ第1次産業，第2次産業，第3次産業と呼ばれました。第1次産業は統計上，農業，林業および水産業から構成され，第2次産業は鉱業，製造業および建設業から構成されます。また第3次産業は各種サービスの提供を中心に，第1次産業と第2次産業以外のすべての財とサービスを供給する活動を含みます。こうして社会全体の生産活動は3つの生産部門に分けられ，必要な生産統計がそろえば，各生産部門の構成比が示されるでしょう。この章では以下，この構成比に注目しましょう。すでに述べたように産業構造とは，一般に国内生産に占める各産業の構成比を意味しますが，以下の展開で，特に断らない限り，産業構造とは国内生産に占める第1次産業，第2次産業および第3次産業の構成比を指します。

3.2 現代日本の産業構造

最初に現代日本の産業構造を確認しましょう。表2－1は生産活動別の国内総生産を示しますが，この表から現代日本の産業構造を導くことができます。表3－1の上段に国内総生産の構成比から見た現代日本の産業構造を示しました。2016年現在で国内総生産に占める第1次産業，第2次産業，第3次産業の割合は，それぞれ0.8％，26.4％，72.8％です。第3次産業の割合が高いのが目立つでしょう。実際，第3次産業は国内総生産の過半を占め，次に第2次産業が第3次産業に続きます。第1次産業は国内総生産の1％にも及びません。

もっとも，産業構造を見る視点は国内総生産の構成だけではありません。国内の就業者は，いずれかの産業で生産活動に従事します。就業人口から見た産業構造は各産業の生産活動に従事する就業者の人口比を示します。同じ表3－1の下段に就業人口から見た産業構造を加えました。就業人口に占める第3次産業の割合は70％を超え，やはり第3次産業の割合が目立ちます。また就業人口の構成から見ても第1次産業と第2次産業の関係は基本的に変

表3−1　日本の産業構造：2016

構成比（％）

	第1次産業	第2次産業	第3次産業
国内総生産	0.8	26.4	72.8
就業人口	3.9	22.7	73.5

注：四捨五入により，それぞれの足し上げが100％にならない場合がある。
出所：内閣府「2016年度国民経済計算」。

わりません。就業人口の構成においても第2次産業は第1次産業と比べて高い割合を保ちます。第1次産業は就業人口の5％にも届きません。

現代日本の産業構造の第一の特徴は第3次産業の優位です。私たちは国内総生産の構成の点でも就業人口の構成の点でも，この事実を確認しました。もっとも，第3次産業がサービスの生産を中心としつつも，第1次産業と第2次産業のいずれにも分類されないすべての生産を含んでいることを忘れてはなりません。第二の特徴は第1次産業に対する第2次産業の優位です。3つの産業の間での第3次産業の明白な優越のために，しばしば，この事実は見過ごされてしまいますが，以下で説明するように現代の経済を特徴づける重要な事実と言ってよいでしょう。なお，日本だけでなく他の先進工業諸国の産業構造に関しても，この2つの基本的特徴は変わりません。

3.3　工業化の過程

それでは近代社会の産業構造は，どのように形成されたのでしょうか。この節では統計データに基づいて産業構造の形成過程を確認しましょう。

表3−2は，国内総生産の構成から見た産業構造の推移を示しました[1]。明治維新直後の1885年，産業構造の中で優位に立っていたのは第1次産業でした。実際，1885年の時点で第1次産業は国内総生産の45.2％を占めています。しかし，この比率は以後，一貫して低下を続け，2010年の時点では1.2％まで落ち込みます。一方，1885年に14.7％だった第2次産業の比率は20世紀半ばに50％近くまで上昇を続け，短期間の動揺の後，1980年から下落に転じます。また第3次産業の比率は第1次産業と対照的に，1940年の落ち込みを

除いて,ほぼ一貫して上昇を続けました。

もっとも,表3-2はサービスの生産を含んでいるために財の生産の動向が判然としません。そこで,図3-1は表3-2のデータを基礎に農産物と工業製品を含む財の生産の構成を図示しました。1885年の時点で第1次産業は,農産物と工業製品を含む財の生産の約75％を占めていました。ところが,その後,この比率は低下していきます。2010年の時点では第1次産業は財の生産のわずか4％を占めるに過ぎません。明治維新以来の経済成長の過程で,財の生産に占める第1次産業の比率は低下する一方,第2次産業の比率が上昇していくのが,わかります。

表3-2 国内総生産から見た産業構造:1885-2010

構成比(％)

	1885年	1900年	1920年	1940年	1960年	1970年	1980年	1990年	2000年	2010年
第1次産業	45.2	39.4	30.2	18.8	12.8	5.9	3.5	2.4	1.7	1.2
第2次産業	14.7	21.2	29.1	47.4	40.8	43.1	36.2	35.4	28.5	25.2
第3次産業	40.2	39.4	40.7	33.8	46.4	50.9	60.3	62.2	69.8	73.6
合計	100.0	100.0	100.0	100.0	100.0	100.0	100.0	100.0	100.0	100.0

注:四捨五入により,それぞれの足し上げが合計と一致しない場合がある。
出所:金森・大守[2013],p.31。

図3-1 国内総生産から見た財の生産構造:1885-2010

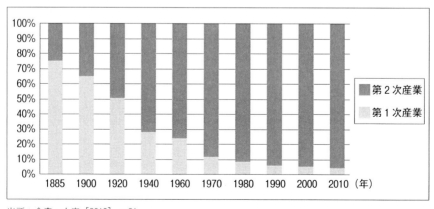

出所:金森・大守[2013],p.31。

就業人口の構成から見ても産業構造の変化を確かめることができます。表3－3は，就業人口の構成から見た産業構造の変化を示しました。1906年に就業人口の61.8％を占めていた第１次産業の就業者は2010年には就業人口のわずか5.0％まで低下しました。一方，就業人口に占める第２次産業の比率は1906年の時点で16.1％でしたが，1970年に34.8％まで上昇を続け，その後，低下に向かい，また1906年に22.2％であった第３次産業の比率は2010年に70.8％に達しました。第１次産業の低落と対照的に，第２次産業と第３次産業の隆盛が顕著です。

やはり財の生産に注目しましょう。図3－2は，表3－3のデータを基礎

表3－3　就業人口から見た産業構造：1906-2010

構成比（％）

	1906年	1920年	1940年	1960年	1970年	1980年	1990年	2000年	2010年
第１次産業	61.8	54.0	43.6	32.9	19.7	12.9	8.8	5.9	5.0
第２次産業	16.1	21.3	25.6	29.3	34.8	33.5	33.0	29.1	24.1
第３次産業	22.2	24.7	30.7	36.7	45.0	53.6	58.2	65.0	70.8
合計	100.0	100.0	100.0	100.0	100.0	100.0	100.0	100.0	100.0

注：四捨五入により，それぞれの足し上げが合計と一致しない場合がある。
出所：金森・大守［2013］，p.30。

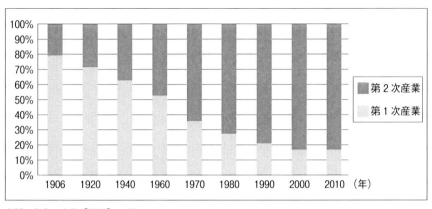

図3－2　就業人口から見た財の生産構造：1906-2010

出所：金森・大守［2013］，p.30。

表3-4　主要国の就業人口の構成：1700-2003

構成比（％）

		第1次産業	第2次産業	第3次産業
オランダ	1700年	40	33	27
	1820年	42	28	30
	1890年	36	32	32
	1950年	14	40	46
	2003年	3	20	77
イギリス	1700年	56	22	22
	1820年	37	33	30
	1890年	16	43	41
	1950年	5	47	48
	2003年	1	24	75

注：第3次産業は，第1次産業と第2次産業以外のすべての財とサービスを供給する活動を含む。
出所：Maddison［2007］p.76.

に，農産物と工業製品を含む財の生産に従事する就業人口の構成を図示しました。農産物と工業製品を含む財の生産に従事する者の中で第1次産業就業者の比率は1906年に80％近くありましたが，2010年には20％以下に下がりました。就業人口の構成から見ても財の生産に占める第1次産業の比率の低下と第2次産業の比率の上昇が確かめられます。

他の先進工業諸国についても同様の傾向は確かめられるでしょうか。表3-4にイギリスとオランダに関して就業人口の構成の推移を示しました[2]。第1次産業の従事者は1700年に両国とも就業人口の40％以上でしたが，2003年には5％以下に低下します。日本の場合と同じく，農産物と工業製品を含む財の生産に限っても農業生産の減退傾向は変わりません。表3-4のデータから，財の生産に従事する就業人口に占める両国の第1次産業就業者の比率を計算しましょう。この比率は1700年にオランダで約55％，イギリスで約72％でしたが，2003年には，それぞれ約13％，約4％に低下します。

表3-4に関して，特に1700年の推計は注目に値します。この推計によれば，イギリスでもオランダでも産業革命以前，人口の半数近くは第1次産業に従事していました。産業革命以前の産業構造では第1次産業が他の産業に

比べて優位でした。しかし，産業革命以後，第1次産業の相対的退潮が始まり，それ以外の産業の拡大が引き起こされます。特に，農産物と工業製品を含む財の生産では第2次産業の優位が第1次産業の優位に取って代わりました。

3.4 工業社会

　第1次産業が統計上，農業・林業および水産業から構成され，第2次産業が鉱業・製造業および建設業から構成されることは，すでに述べました。改めて，この2つの産業は理論的に，どのように特徴づけられるのでしょうか。この節では第1次産業と第2次産業に関して，さらに踏み込んだ検討を加えましょう。

　工業生産の現場では原料に物理的化学的変形を加え，また材料や部品を組み立てて製品を製造しますが，これらの原材料は究極的には自然に由来します。人間は自然から各種資源を獲得し，その上で，獲得した資源を工業原料として用い，種々の工業製品を生み出します。生産過程は，自然から各種資源を取り出す過程と各種資源を加工する過程に大別されます。2つの過程のうち，自然から各種資源を取り出す前半の過程を広義の農業生産と，各種資源を加工する後半の過程を広義の工業生産と呼びましょう。生産過程は広義の農業生産と広義の工業生産から構成されます。

　農産物の収穫や森林の伐採，魚介類の捕獲は天然資源の取得であり，狭い意味の農業，林業，水産業は，いずれも広義の農業生産に属すると考えられます。第1次産業は基本的に広義の農業生産と考えてよいでしょう。一方，製造業と建設業は広義の工業生産に属しますから，第2次産業は基本的に広義の工業生産と考えられるでしょう。第1次産業と第2次産業の区別は原則的に2種類の生産工程に対応します。

　もっとも，この対応は完全ではありません。石油や石炭の採掘は明らかに天然資源の獲得であり，鉱業は広義の農業生産に含まれます。しかし，すでに述べたように統計上，鉱業は第2次産業に属します。鉱業生産では，伝統的な農林水産業と異なり，近代的な生産設備が装備されることが，その理由

のようです。

前節では第1次産業と第2次産業の定量的関係を説明しました。近代社会では物的な財の生産において第2次産業が第1次産業に優越します。広義の工業生産は広義の農業生産に優越し、その意味で近代社会は工業社会です。また、前近代社会は同様の意味で農業社会です。

3.5 工業化の必要条件

ペティ（W. Petty）は早くも17世紀に、またクラーク（C. Clark）は20世紀に入って産業構造と労働生産性の関係を研究しました[3]。現代的に整理すれば、ペティとクラークは次の2つの事実を明らかにしました。第一に、経済発展とともに産業構造が変化し、経済発展の早い段階では社会的生産において第1次産業が高い比重を持ちますが、その後、第2次産業の比重が上昇し、より発展した段階では第3次産業の比重が高まります。第二に各産業の労働生産性は第1次産業、第2次産業、第3次産業の順に高くなります。この2つの事実は広く「ペティ＝クラークの法則」として知られていますが、この節では産業構造と労働生産性の関係を説明しましょう。

3.3節では産業構造に関連して財の生産の構成の変化に言及しました。一方、3.4節では理論的見地から広義の農業生産と広義の工業生産を区別しました。広義の農業生産と広義の工業生産という2つの概念を用いれば、3.3節の結論を言い換えることができるでしょう。経済発展とともに、物的な財の生産に占める広義の農業生産の比重が低下する一方、広義の工業生産の比重が上昇します。この点も「ペティ＝クラークの法則」と同様、法則と呼んでよいほど普遍的な事実ですが、改めて、このような事実が成立するのは、どのような根拠に拠るのでしょうか。

最初に労働生産性の意味を明確にしましょう。再度、表3－1を見れば、国内総生産の構成比と就業人口の構成比が異なることに気づくでしょう。2016年に第1次産業は国内総生産の0.8％、就業人口の3.9％を占め、第2次産業は国内総生産の26.4％、就業人口の22.7％を占めます。もし、2つの産業の間で労働の生産効率が等しく同じ労働投入量から同量の産出量が得られ

るとしたら，2つの産業で国内総生産の構成比と就業人口の構成比は一致するでしょう。しかし，実際には労働の生産効率は産業によって異なります。

労働の生産効率を測る尺度を導入しましょう。各財の労働生産性は，労働者1人あたりの純生産物の量によって，あるいは場合によっては，もっと精密に労働時間1時間あたりの純生産物の量によって測られます。労働生産性（labor productivity）は労働の生産効率を計測しています。もちろん労働の生産効率が向上すれば，労働生産性が上昇します。

一般に各産業の労働生産性は等しくありません。特に第2次産業の労働生産性は第1次産業の労働生産性より高く，同じ労働投入量から，より多くの財を生産することができます。この事実が，各産業に関して国内総生産の構成比と就業人口の構成比の違いを生み出しています。もっとも，労働生産性については，もう少し厳密な説明が必要ですが，それは次の章まで持ち越しましょう。

さて，物的な財を生産する過程が，自然から資源を取り出す広義の農業生産と各種資源を加工する広義の工業生産に分けられることは，すでに述べました。このとき，広義の農業生産は広義の工業生産に先行しており，広義の工業生産の展開には広義の農業生産の成立が不可欠です。広義の農業生産がもたらす工業原料なしに広義の工業生産を開始することはできません。したがって，広義の農業生産が自然から取り出した各種資源，たとえば農産物のうち，どれだけを工業原料とするかによって広義の工業生産の規模が制約されるのです。

いま，単純に各人の生存のために一定量の食料が必要であり，その大部分が農産物 c であるとしましょう。もっとも，この単純化には注意が必要です。第一に，この一定量の食料は相当程度，生物学的条件に依存しますが，それだけでは決まりません。各人の生存に必要な食料は少なからず社会的諸条件に左右されます。第二に生存に必要な食料のすべてが農産物ではありません。加工食品も生存に必要な食料に含まれ，その比重は経済発展とともに高まるでしょう。

次に同一規模で繰り返される生産を単純再生産（simple reproduction）といいます。年々の農業生産において毎年の収穫量の一部は単純再生産のため

に，ただ同一規模での生産を維持するために，たとえば農産物の種子の形で確保されるでしょう。農業生産の純生産物は，この確保分を控除した収穫量です。いま農業生産者が1人あたりの農産物 x の一定割合 α を控除するとしましょう。このとき，1人あたりの農産物の純生産物 x_0 は

$$x_0 = (1 - \alpha)x$$

と書くことができます。さらに1人あたりの農業生産の純生産物 x_0 が，各人の生存に必要な食料の量 c を上回るとしましょう。社会は，その超過分 $x_0 - c$ を種々の用途に活用することができます。なお，ますます大きな規模で繰り返される生産を，単純再生産に対して拡大再生産 (expanded reproduction) といいます。

　第一に各人は生存に必要な量 c を超えて食料を消費するかもしれません。第二に前近代社会では農業生産の労働生産性が低い中で食料危機が頻発しました。将来の食料危機に備えて収穫量の一部が備蓄されるかもしれません。第三に社会は農業生産の拡大を決意するかもしれません。将来の生産拡大に向けて種苗などの控除分が増える可能性も考えられます。農業生産における農産物の超過分 $x_0 - c$ の用途は第一に食料消費の増加，第二に食料危機に備えての食料の備蓄，第三に将来の農業生産の拡大に向けての種苗などの追加保有です。

　その上で，なお余裕があれば，収穫量の一部は工業生産に向かうでしょう。工業原料は農業生産の純生産物の用途の1つであり，しかも，食料の確保が優先事項であった経済発展の早い段階では，他の3つの用途が充足されてはじめて考慮される用途です。

　いま，説明を簡単にするために社会全体で農産物と工業製品が，それぞれ1種類だけ生産されているとしましょう。農業生産における1人あたり純生産物の量 x_0 は農業生産の労働生産性と言い換えることができます。一方，工業製品1単位に一定量の工業原料 a_y が投入されるとすれば，1人あたりの工業製品 y の生産には工業原料 $a_y y$ が投入されるでしょう。ただし，これまでの議論から，投入される工業原料の量には制約があり，1人あたりの工業原料 $a_y y$ は1人あたりの余剰農産物 $x_0 - c$ を超えることはできません。

式で書けば，

$$a_y y \leq x_0 - c$$

となります。このとき，1人あたりの農産物に対する1人あたりの工業製品の比率は社会全体での農産物に対する工業製品の比率 y/x に一致しますが，この比率には，以下で示すように上限があり，しかも，その上限は農業生産の労働生産性 x_0 の上昇とともに引き上げられることがわかります。1人あたりの農産物の純生産物 x_0 が

$$x_0 = (1 - a)x$$

と書くことができることは，すでに述べました。この関係と1人あたりの農業生産の純生産物 x_0 が正であることに注意すれば，簡単な計算により

$$\frac{y}{x} \leq \frac{1-a}{a_y}\left(1 - \frac{c}{x_0}\right)$$

を導くことができます。農業生産の労働生産性 x_0 が上昇すれば，この不等式の右辺の値が高まるでしょう。

　農産物に対する工業製品の比率 y/x は種々の要因によって決定されますが，ある上限を超えることはできません。さらに，この上限は農業生産の労働生産性 x_0 と各人の生存に必要な食料の量 c に依存し，特に労働生産性 x_0 とともに上昇します。したがって，農業生産の労働生産性 x_0 が上昇するとき，農産物に対する工業製品の比率 y/x は，他に制約がなければ，より高い値をとることができるでしょう。広義の農業生産に対する広義の工業生産の比率の上昇すなわち工業化の進展は究極的には農業生産の労働生産性に支えられています。

注：
(1) 金森久雄，大守隆編著『日本経済読本』第19版，東洋経済新報社，2013年。
(2) Maddison, A., *Contours of the World Economy, 1-2030AD*, Oxford University Press, 2007.

(3) *The Economic Writings of Sir William Petty*, C. H. Hull, (ed.) Cambridge University Press, 1899. Clark, C., *The Conditions of Economic Progress*, Macmillan, 1940（大川一司，小原敬士，高橋長太郎，山田雄三訳編，『経済進歩の諸条件』上・下，勁草書房，上巻1953年，下巻1955年）.

第4章
生産技術

　この章では生産活動を定式化して労働生産性の概念を明確にし，さらに各種生産手段の中で道具，機械および機械体系の区別を説明します．

4.1　生産の定式化

　近代社会は，広義の工業生産が主要な生産活動であるという意味で工業社会であり，近代社会の生産構造は究極的には農業生産の労働生産性によって支えられていました．前の章では産業構造の変化に関連して必要な限りで生産技術の簡単な解説を行いましたが，十分とは言えません．この章では生産技術について，より包括的な説明を試みましょう．

　経済学では，農産物から工業製品，各種サービスに至るまで有用な財とサービスを生み出す活動を一括して生産活動と見なします．最初に生産活動の特徴を確認しましょう．たとえば，農民は鍬や犂などの農具を用いて大地を耕して種を播き，農産物を育て収穫します．また工業労働者は工場設備を稼働して部品を組み立て，工業製品を完成します．人間は単独であるいは協力して各種資源や原材料等を有用な財やサービスに変換し，生産活動とは，各種資源や原材料等を有用物に変換する人間の活動全般です．

　経済学における生産活動の定義を，やや抽象的と思うかもしれません．しかし，実際に生産活動が各種資源の獲得から工業製品の製造，サービスの提供まで広範な領域に及ぶ以上，生産活動の定義が抽象的になるのは避けられません．

　生産活動において種々の投入（input）は産出（output）に変換されます．最初に投入に関して，もう少し詳しく説明しましょう．生産過程で利用される原材料や道具だけでなく人間自身の労働も生産活動における投入と見なされ，生産活動における投入は第一に労働，第二に土地，第三に原材料，第四に労働用具，最後に機械設備を含みます．労働用具は，農民が用いる農具や

工業労働者が扱う工具などの道具類を指します。

　具体的な生産活動で，これらの投入が，すべて利用されるとは限りません。しかし，生産活動の定義から，どんな生産活動においても少なくとも1つの投入が用いられます。また，ここでは労働用具あるいは道具と機械設備を区別しました。この点について以下で再度，触れることにしましょう。

　一方，生産活動における産出は通常，農産物や工業製品，各種サービスなど広い意味の生産物です。有用な財やサービスを得ることが生産活動の目的でした。もっとも，生産活動がもたらすものは有用な財やサービスだけではありません。たとえば生産活動の結果，1期間だけ古くなった中古の生産設備が生産活動における産出と見なされる場合があります。また，人間の生産活動は予想に反して有害な副産物を生み出してしまうかもしれません。

　ともあれ，生産活動において労働・土地・機械設備などの生産要素は生産物に変換されますが，具体的な生産活動では常に特定の生産方法が採用されます。特定の生産方法が採用されたとき，一定量の労働・土地・機械設備などは一定量の生産物を生み出すでしょう。生産活動において採用される個別の生産方法は生産技術と呼ばれます。

　特定の生産技術の下，すでに述べたように一定量の生産要素，より正確には一定量の各種生産要素の組は一定量の生産物に対応するでしょう。投入と産出の間の量的関係は関数関係であり，経済学では生産関数によって表現されます。

　各種生産要素の組が定まれば，それに対して生産物が，ただ1つ決まり，生産物は各種生産要素の組の関数になります。生産量が生産技術に依存していることに注意しましょう。たとえ投入される生産要素の種類と量が同じでも生産技術が異なれば，一般に産出量は変わります。

　いま全部でn種類の生産要素があり，これらの生産要素に番号が付けられているとしましょう。第i番目の生産要素をz_iとすれば，生産要素の組は$(z_1, z_2, \cdots, z_n)$となります。特定の生産技術の下で生産要素の組$(z_1, z_2, \cdots, z_n)$が定まれば，それに対して生産物yが，ただ1つ決まるでしょう。このとき，生産物yは生産要素の組$(z_1, z_2, \cdots, z_n)$の関数であり，生産関数は

$$y = f(z_1, z_2, \cdots, z_n)$$

と書くことができます。

4.2 生産技術の表現

　たとえば電力が火力発電や水力発電，原子力発電など異なった方法で生み出されるように，一般に同じ財を生産するのにも，複数以上の方法があります。生産者は多くの場合，実行可能な複数以上の生産技術の中から，望ましい生産技術を選択できますが，これらの生産技術は互いに，どのように区別されるのでしょうか。この節では生産関数に続いて生産技術を特徴づけましょう。

　産業革命以降，先進工業諸国では国内各地に工場が建設され，大規模な機械設備を稼働して大量の工業製品が生産されました。工場では多数の労働者が機械設備を運転して各種原材料を加工し，工業製品を製造しました。もし，この工場に隣接して同じ規模の工場が建設されれば，同一の生産条件の下，やはり同量の工業製品が生産されるでしょう。生産活動へのすべての投入が2倍になれば，産出もまた2倍になるような生産活動は規模に関して収穫一定（constant return to scale）であると言われます。生産技術が規模に関して収穫一定であるとき，産出量は投入の規模に比例します。一般に工業生産の技術は規模に関して収穫一定であると考えられます。

　前節に引き続いて財1単位を生産するのにn種類の生産要素の組が必要であると想定しましょう。この生産技術が規模に関して収穫一定であるとき，生産要素の組と財の対応関係は生産規模に依りません。生産規模が拡大しても財1単位あたりでは同じ生産要素の組$(z_1, z_2, \cdots, z_n)$だけが必要になります。したがって，財1単位の生産に必要な生産要素の組$(z_1, z_2, \cdots, z_n)$によって生産技術を表現することができます。言い換えれば，種々の生産技術は，財1単位あたりで必要な，異なる生産要素の組によって区別されます。

　すでに述べたように近代社会の工業生産では，労働をはじめとする種々の生産要素が使用されますが，常に，これらの生産要素を同等に取り扱う必要

はありません。近代社会の工業生産では、労働と機械設備が主要な生産要素であり、経済理論では伝統的に労働と機械設備の組に関心が集中します。

機械設備はしばしば、資本設備と言い換えられますが、資本設備 K と労働 L の組 (K, L) が定まれば、生産物 X がただ1つ決まるでしょう。この投入と産出の間の量的関係は生産関数

$$X = F(K, L)$$

によって表現されます。工業生産の技術が規模に関して収穫一定であることは、すでに述べました。規模に関して収穫一定が成り立つとき、資本設備 K と労働 L がともに λ 倍になれば、生産物 X は λ 倍になり、生産関数について

$$\lambda X = F(\lambda K, \lambda L)$$

が成り立ちます。特に $\lambda = 1/X$ と置けば、

$$1 = F\left(\frac{K}{X}, \frac{L}{X}\right)$$

となるでしょう。生産物1単位を生産するのに資本設備 K/X、労働 L/X が必要であり、資本設備と労働の組 $(K/X, L/X)$ が工業生産の生産技術を表します。

4.3　労働生産性

望ましい生産技術を選択するに際しては生産技術の効率性が問題になります。生産技術の効率性は、どのようにして測られるのでしょうか。前の章では産業構造の変化に関連して労働生産性に言及しました。この節では再度、労働生産性を取り上げましょう。

生産の効率性を測るには、いくつかの方法があります。たとえば、田畑に播かれた種子1単位から、穀物何単位が収穫されたかを見れば、穀物生産の効率性がわかるでしょう。播種量に対する穀物収穫量の比率を穀物収穫率と

いいます。穀物収穫率の計測は比較的容易であり，古くから参照されてきました。穀物収穫率から，穀物生産に投下された種子がどの程度，有効に活用されたかがわかります。もっとも，穀物生産に投入されるのは種子ばかりではありません。穀物生産には種子や肥料などに加えて労働や土地も利用されます。

前節と同様，資本設備 K と労働 L を投入して工業製品 X が生産されたとしましょう。さらに工業製品1単位あたりの資本設備を α，労働を τ とすれば，

$$\alpha = \frac{K}{X}, \qquad \tau = \frac{L}{X}$$

になります。規模に関して収穫一定が成り立つとき，資本設備 α と労働 τ は生産規模に依存しません。資本設備 αX と労働 τX が投入されれば，工業製品 X 単位が生産されるでしょう。

改めて工業製品 X の生産には資本設備 K が利用され，しかも単純再生産を前提にすれば，年間の生産物全体の中から資本設備の消耗分を控除する必要があります。少なくとも資本設備の消耗分を控除しなければ，今年と同じ規模の生産を維持することはできません。

いま，単純化のために年間で既存の資本設備 K すべてを消耗し，しかも，この消耗分が直接に年間の工業製品 X の中から補塡されると想定しましょう。実は，この想定は相当に強い仮定であり，この想定を正当化するような状況を詳しく説明することが求められますが，本書では，そこまで立ち入らないことにします。

年間の工業製品 X の中から資本設備の消耗分 K を補塡できれば，年間の純生産物 Y が得られ，純生産物 Y は

$$Y = X - K$$

と書くことができます。補塡需要を超える年間労働の純正な成果は純生産物 Y であり，労働生産性は労働1単位あたりの純生産物 Y/L にほかなりません。さらに，すでに導入した記号を使えば，労働生産性は簡単な計算によ

り

$$\frac{1-\alpha}{\tau}$$

と表現されます。

　もちろん，この表現は相当に厳しい想定を前提にしていますが，労働生産性に関して重要な点を明らかにしています。第一に，規模に関して収穫が一定であるとき，労働生産性の水準は生産規模に依存しません。事実，工業製品1単位あたりの資本設備 α も労働 τ も定数です。第二に労働生産性の水準は労働の効率だけでなく資本設備の効率にも依存します。労働の効率が高まれば，工業製品1単位あたりの労働 τ が減少し，労働生産性が上昇するでしょう。また資本設備の効率が高まれば，工業製品1単位あたりの資本設備 α が減少し，労働生産性の水準が引き上げられるでしょう。

　労働生産性と同様に資本生産性を考えることもできます。資本生産性は資本設備1単位あたりの純生産物 Y/K であり，前述の想定の下で

$$\frac{1-\alpha}{\alpha}$$

と書くことができます。もちろん，資本設備の効率が向上すれば，資本生産性が上昇します。

　最後に労働係数と資本係数を導入しましょう。労働係数 a は純生産物1単位あたりの労働 L/Y であり，

$$a = \frac{\tau}{1-\alpha}$$

と表現されます。また，資本係数 b は純生産物1単位あたりの資本設備 K/Y であり，

$$b = \frac{\alpha}{1-\alpha}$$

となります。労働係数と資本係数はそれぞれ，労働生産性と資本生産性の逆数です。

4.4　機械の導入

イギリスでは産業革命期，表4－1が示すように数多くの機械の発明と改良が重ねられ，さらに機械は多くの場合，実用化されて生産現場に導入されました。綿工業では紡績工程で，ジェニー紡績機に始まる紡績機の発明と改良が起こり，続いて織布工程で力織機が発明されました。大規模な紡績機は当初，水力で動かされていましたが，蒸気機関が発明されると，蒸気力で動かされるようになりました。蒸気機関の採用により綿工業の工場立地は，もはや自然的条件に制約されません。また機械工業では中ぐり盤や旋盤などの作業機も発明されます。産業革命の技術的特徴の1つは，道具に代わる機械の普及です。

表4－1　イギリス産業革命の展開：1730-1825

年　月	事　項
1733年	ジョン・ケイが飛び杼を発明
1769年	アークライトとジョン・ケイが水力紡績機の特許取得
1770年	ハーグリーブスがジェニー紡績機の特許取得
1771年	アークライトがクロムフォードに紡績工場を建設
1775年	ボールトンとワットが蒸気機関製造企業を設立
1776年	アダム・スミス『諸国民の富』を出版
1779年	クロムプトンがミュール紡績機を発明 イングランドのコールブルックデールでヨーロッパ最初の鋳鉄橋完成
1784年	コートが製鉄におけるパドル法を発明
1787年	カートライトが力織機の特許取得
1788年	ワットが万能蒸気機関を発明
1807年	フルトンの外輪蒸気船が就航
1812年	ラッダイト（機械打ち壊し）運動が激化
1825年	スティーブンソンが蒸気機関車を実用化 ロバーツが自動ミュール紡績機の特許取得

出所：矢部洋三・渡辺広明著『技術の経済史』等。

それでは改めて機械と道具の違いは，どこにあるのでしょうか。作業効率を引き上げるという点では機械と道具の違いはありません。しかし，道具が労働者の作業能力を補強して作業効率を高めるのに対し，機械は労働者の作業自体を代替して作業効率を高めます。機械の採用により，それまで労働者が担当していた作業は機械によって遂行されることになります。一部の生産工程で人間の労働が不要になれば，生産過程全体で労働生産性が上昇するでしょう。事実，生産現場への機械の導入により，数々の産業で生産効率が大幅に改善されました。

　さらに，いったん生産現場に導入されれば，機械は不断の改良により短時間で大量の工業製品を生み出すようになるでしょう。一般に機械を使用する生産は生産効率の点で道具による生産よりも優れています。

　とはいえ，機械による生産にも限界があります。1人の労働者が種々の道具を操ることにより多様な製品を生み出すことができるのに対し，個々の機械は特定の工業製品か，非常に限られた範囲の工業製品しか生産できません。個々の機械は特定の工業製品の生産に特化しており，人間労働のように状況に応じて，異なった種類の製品を製造するような柔軟性を持ちません。機械は，基本的に特定の種類の工業製品を，しかし大量に生産します。

　続いて，産業革命期に導入された機械には，どのような特徴があるのでしょうか。より正確に言えば，産業革命以前も工業生産における機械の利用は皆無ではありません。特に明白な例を挙げれば，産業革命が始まるはるか以前から製粉作業には水車や風車が使用されました。人間の製粉作業を代替したという意味で水車も風車も機械に違いありません。

　しかし，産業革命期に発明され，実用化された一連の機械には，それ以前に使用されていた機械と決定的に異なる点があります。一連の機械の稼働には大量の労働力が必要であり，多数の労働者の協力なしには，これらの機械を稼働することはできません。それだからこそ，産業革命期，国内各地には工場が建設され，一度に数十人，場合によっては数百人もの労働者が，工場を経営する1つの企業に雇用されたのです。

　多数の労働者の協力なしには運転できない機械を機械体系と呼びましょう。産業革命期に発明され，工場に設置された数多くの生産設備は機械体系です。

もちろん，この時期に発明された機械のすべてが機械体系ではありません。しかし，非常に多くの生産設備は機械体系であり，近代社会の経済活動は後で見るように，この事実に決定的に依存しています。

4.5 機械制大工業

図4-1に日本とイギリスの労働生産性の推移を示しました。公式統計以前の国内総生産を推計することは容易ではありませんが，労働時間の推計は，それ以上に困難です。図4-1のデータは1820年から始まります[1]。

イギリスでは労働生産性の上昇は，すでに19世紀半ばに始まり，20世紀に入って加速しました。特に最近の約30年間でイギリスの労働生産性は約15から30近くまでおよそ倍増しました。

一方，日本では19世紀半ばまで労働生産性に大きな変化はありません。日本の労働生産性の上昇が始まるのは19世紀後半からであり，20世紀半ばから日本の労働生産性は急速に伸びて20世紀末に，ほぼイギリスの水準に追いつきました。

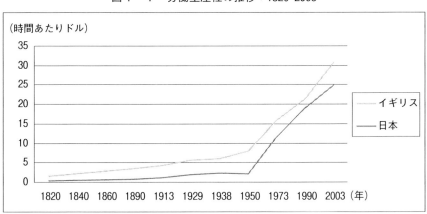

図4-1 労働生産性の推移：1820-2003

注：1990 Geary-Khamis 国際ドル評価。
出所：Maddison [2007]．

表4－2　産業別の労働生産性：1920-2010

	1920年	1940年	1960年	1970年	1980年	1990年	2000年	2010年
農林水産業	0.56	0.43	0.39	0.30	0.27	0.27	0.29	0.24
製造業	1.23	1.78	1.52	1.31	1.16	1.11	1.12	1.23

注：各年の全産業の労働生産性を1とする。
出所：金森・大守［2013］, pp.31-32。

　図2－1に示した日本の1人あたり国内総生産の変化と図4－1の労働生産性の変化を比べてみましょう。両者の動きは非常によく似ており、産業革命以来の労働生産性の向上が1人あたりの国民所得の上昇を引き起こしていると予想されます。

　それでは、さらに何が労働生産性の上昇をもたらしたのでしょうか。最初に、どの産業部門が労働生産性の上昇を主導していたのかを調べましょう。表4－2に、1920年から2010年までの日本の農林水産業と製造業の労働生産性の推移を示しました。工業部門の代表として製造業を選びました[2]。

　ただし、各産業の労働生産性は、各計測年における社会全体での労働生産性の水準を1として指数化されています。生産性指数が1より大きいとき、その産業の労働生産性は社会的水準より高く、逆に生産性指数が1より小さいとき、その産業の労働生産性は社会的水準より低くなります。生産性指数は、各産業の労働生産性が社会的水準から、どれだけ乖離しているかを表します。

　表4－2の全期間を通じて製造業の生産性指数は1を超え、一方、農林水産業の生産性指数は決して1に届きません。したがって、表4－2から常に製造業が社会全体での労働生産性の上昇を主導してきたことがわかります。

　先進工業諸国では産業革命期に国内各地で工場が建設され、機械制大工業が確立したことは、すでに述べました。産業革命によって何よりも工業生産の機械化が進んだことを考慮すれば、製造業における労働生産性の向上は生産工程の機械化と結びつくでしょう。確かに農業生産の一部も機械化され、一方、製造業のすべての生産過程が機械化されたわけではありません。しかしながら、生産の機械化は製造業に集中し、機械が採用されれば、一般に機

械は人間労働を代替して労働生産性を高めます。生産の機械化は製造業における労働生産性の上昇の主要な源泉であったと考えられます。

　産業革命の結果，先進工業諸国で工業化が進展しましたが，産業革命がもたらしたのは単なる工業化ではありません。産業革命は工業化を推進するとともに，生産過程に機械体系を導入し，機械制大工業を確立しました。

　さらに，機械制大工業の確立は，それ自体が生産方法の改善であったばかりでなく，その後の技術革新を通じて工業生産の生産効率を高め，社会全体の労働生産性を押し上げました。現代の経済，とりわけ物質的に豊かな私たちの生活は，機械制大工業の下で達成された高い労働生産性に立脚しています。

注：
(1) Maddison, A. *Contours of the World Economy, 1-2030 AD*, Oxford University Press 2007.
(2) 金森久雄，大守隆編著『日本経済読本』第19版，東洋経済新報社，2013年。

第5章
家計と企業

産業革命は前近代社会における生産と消費を変革し，機械制大工業に対応する生産と消費を確立しました。この章では前近代社会と比較しながら，近代社会における生産と消費の特徴を明らかにします。

5.1 前近代社会の経済主体

新しい生産技術の普及が進むとき，従来の生産活動の担い手が，その変化に十分対応できるとは限りません。新しい生産技術は新しい生産主体を必要とし，新しい生産技術の普及は，それを生み出した社会自身に，しばしば大きな変化を迫ります。事実，産業革命は前近代社会における生産と消費を変革し，機械制大工業に対応する生産と消費を確立しました。この章では近代社会の生産と消費を取り上げ，その特徴を明らかにします。特に近代社会において誰が生産活動を担い，誰が消費生活を営んでいるのでしょうか。

最初に前近代社会の生産と消費を概観しましょう。産業革命以前，広義の農業生産が社会の主要な生産活動であることは，すでに述べました。農業生産の典型的な担い手は，小農経営と呼ばれる小規模な農民経営です。

小農経営において農民は主として家族労働に頼って，先祖伝来の土地を耕し，穀物から野菜，果実に至る作物を栽培し，牛馬をはじめとする家畜を飼育していました。もっとも，小農経営が生産していたのは農産物や畜産物ばかりではありません。たとえば，糸を紡ぐことや機織りは伝統的に家族労働の中で女性の役割とされ，小農経営は各種農産物に加えてパンや乳製品などの加工食品，衣類や日用品をはじめ広範な工業製品を自ら生産していたのです。

それでは，こうして生産された農産物や工業製品は，どこに向かったのでしょうか。わずかな例外を除いて農民が生産した農産物と工業製品は農民自身の消費に向かいました。農民は農産物の大半と工業製品を自ら消費し，小

農経営は高い自給自足性を維持することができました。

現代の経済において家族は多くの場合，消費生活の単位になっており，経済学では，家族に代表される消費主体を家計（household）と呼びます。その意味で小農経営も1つの家計です。もっとも，小農経営は単なる消費主体ではありません。小農経営において農民は食料や衣類，種々の日用品を消費しますが，同時に，これらの品々を自ら生産していたのです。小農経営は消費主体であると同時に生産主体でした。

消費生活に必要な財とサービスを基本的に自給できるとすれば，消費主体は，これらの財とサービスの供給をあえて外部に依存することはないでしょう。生産活動が高い自給自足性を示すとき，財とサービスの外部との交換の余地，したがって市場取引の余地は相当程度，限定されるにちがいありません。現代の経済と比較したとき，消費主体である家計による生産は前近代社会の生産活動の最大の特徴であり，広範な経済活動が，このような特徴を持つことから，前近代社会の経済は第1章で述べたように基本的に自然経済です。

確かに収穫量が平年の水準を上回れば，農民は，自家消費分を超える余剰農産物を近隣の市場に持ち込んだでしょうし，また穀物と交換に高価な衣類と装身具を買い求めたかもしれません。さらに前近代社会でも，しばしば地域間で遠隔地交易が盛んに行われたことは非常によく知られています。小農経営は完全な意味で自給自足的であったわけではありませんし，また前近代社会の経済も一切の市場取引と無縁だったわけでもありません。

厳密には小農経営が自給自足的であり，また前近代社会の経済は自然経済であるという表現には多少の誇張が含まれていますが，それでも，現代の経済と比較したとき，主要な生産主体である小農経営の自給自足性が高く，基本的に自然経済であるという点は前近代社会の経済の際立った特徴です。

5.2　生産組織の形成過程

前近代社会の小農経営は自給自足性が高く，日々の生活で必要になる各種工業製品を農民自身が生産していました。もちろん，一部の熟練を要する作

業は農民の手に負えず，村落や都市の専門の手工業者に委ねられましたが，専門の手工業者にしても家族単位で小規模な工業生産に取り組んでいたことに変わりはありません。前近代社会では工業生産は何よりも小規模な家内工業（domestic industry）として現れ，工業生産においても家計が主要な生産主体でした。

　もっとも，やや詳しく見れば，前近代社会における工業生産の担い手は家計ばかりではありません。産業革命の前夜，2つの経営組織が編成され，工業生産を推進したことが知られています。近代社会における工業生産の経営組織の説明に入る前に，この2つの経営組織に触れましょう。

　たとえば，毛織物工業では都市の織元（clothier）が多くの織布工に織糸を渡して加工させ，完成した織布を買い取り，さらに製品を地域内外の市場で販売しました。多くの場合，このような織元と多数の織布工の関係は長期にわたって持続し，織元と多数の織布工は1つの経営組織を形成していたと見なすことができます。

　毛織物工業で典型的に見られるように問屋制親方は経営組織内の多数の手工業者に原材料を提供して加工させ，完成した工業製品を買い取ります。さらに，こうして生産された相当量の工業製品は問屋制親方の手で地域の市場で，さらに遠隔地の市場，特に外国市場に向けて販売されました。このような経営組織は問屋制家内工業（putting-out system）と呼ばれます。

　産業革命に先立って，ヨーロッパの一部の地域では毛織物工業を中心とする農村工業が発展しましたが，この工業発展はプロト工業化（proto industrialization）と呼ばれます。問屋制家内工業を主導する商人資本はプロト工業化において重要な役割を果たし，また輸出はプロト工業化の推進力でした。

　問屋制家内工業において問屋制親方は工業製品の販路を掌握しているために支配的立場に立ち，問屋制親方と個々の手工業者は決して対等ではありません。しかし，問屋制家内工業では個々の手工業者は自分の仕事場で工業製品を生産しており，少なくとも形式上，問屋制親方と手工業者の間の関係は工業製品の売買関係にとどまります。

　さらに，もう1つの経営組織では，従来は各人の仕事場で工業生産に取り組んでいた手工業者が1カ所に集められ，大規模な作業場で働くようになり

ました。作業場内では手工業者に対する管理が行き届くと同時に，場合によっては手工業者間の分業が意図的に進められました。工場制手工業（manufacture, hand factory）では多数の手工業者が1つの作業場で工業生産に従事します。スミス（A. Smith）は主著『諸国民の富』の第1章で，針金の引き伸ばしから切断，完成品の梱包に至るピン生産の生産工程を例にとって分業（division of labor）の利益を強調しましたが，スミスが例示したのは工場制手工業における生産工程にほかなりません。

工場制手工業において，個々の手工業者に対する経営者の監視が強まるとともに，個々の手工業者に課せられた作業内容は細分化され，実際上，手工業者の立場はさらに弱くなりました。しかし，それまで広い範囲に拡散していた生産工程が1ヵ所に集められ，並置された限りでは，工場制手工業の生産技術は基本的に従来の生産技術と変わりません。

工場制手工業は本質的に問屋制家内工業と同じ技術的基礎の上に立ち，両者は対抗的と言うより，むしろ補完的であると考えられます。たとえば，先の毛織物工業において，同じ経営者は紡毛から織布までの一貫工程の中で織糸工程を問屋制家内工業に委ねる一方，織布工程を工場制手工業の下で展開していました。

工業生産の経営組織が歴史上，問屋制家内工業，工場制手工業，さらに次の節で説明する工場制度へと一直線に発展したと見なすことには無理がありますが，問屋制家内工業にも工場制手工業にも工場制度の構成要素を見出すことができるでしょう。

5.3　工場制度

産業革命の前夜，市場向け工業生産が拡大する中で経営組織の革新が起こり，すでに述べた新しい経営組織が誕生しました。新しい経営組織の下，従来は独立に工業生産に取り組んできた手工業者は相互の連携を強めますが，新しい経営組織は依然として古い生産技術に立脚していました。

手工業者の間の連携はなお，偶然的な要因に支配されます。実際，問屋制親方は生産工程ごとに問屋制家内工業と工場制手工業を展開し，状況によっ

ては同一の生産工程で一方から他方への移行が起こることも珍しくありませんでした。工業生産に取り組む労働者の間の連携は新しい生産技術が導入されて初めて強固な基礎を持ちます。

　産業革命は単に社会的生産における工業生産の比重を引き上げたばかりではありません。産業革命による工業化は工業生産における工業技術の質的転換を伴いました。工業化の中で道具による生産から機械による生産へ，より正確には機械体系による生産への転換が引き起こされました。

　前の章では，多数の労働者の協力なしには稼動できない機械を機械体系と呼びましたが，産業革命期，国内各地の工場に設置された生産設備は機械体系にほかなりません。工場設備の稼働は多くの労働者の協力を必要とし，もはや1人の労働者が，この大型で複雑な生産設備を運転することはできません。各工場では大量の労働者が雇用されました。

　それでは機械体系の導入は経営組織にどのような影響を及ぼしたのでしょうか。多数の労働者が雇用されたとはいえ，各人が各自の都合で担当部署を選び，各自の判断で仕事に取り組んだのでは機械設備を正常に稼働することはできません。大規模な生産設備を備えた工場内には生産組織が編成され，生産組織内の労働者には厳格な作業規律が課せられました。特に工場内の全労働者はいっせいに仕事に取りかかる必要があり，始業時間の厳守が重要でした。

　工場制度とは，機械体系が正常に稼働するよう編成された生産組織と一連の作業規律の体系ですが，工場内に機械体系が導入されると，機械体系による生産を遂行するために工場制度が設立されました。機械体系による生産の1つの帰結は工場制度の設立です。

　一方，機械体系による生産が多数の労働者の協力を必要とする以上，従来の家内工業では機械体系による生産を進めることはできません。確かに紡毛工が紡ぎ車で糸を繰り，織布工が織機で布を織ったように独立の手工業者も機械を操作することがありました。しかし，もはや労働者が1人で工場設備を稼働することはできません。機械体系による生産が普及すると，独立の手工業者の存続はますます困難になりました。機械体系による生産のもう1つの帰結は家内工業の衰退です。

工場内に生産組織が編成され，就業規則が制定されると，個々の労働者に代わって生産組織が生産に関する決定を握ることになります。具体的には生産組織は工業製品の生産目標を設定し，生産組織内の人員配置を決定し，さらに生産組織に所属する1人ひとりの労働者に作業内容と労働時間を指示します。一方，1人ひとりの労働者は生産組織の指示に従って職務に励み，他の労働者と協力して工業製品の生産に取り組みます。

　産業革命以前，家内工業における手工業者は自分自身の裁量で仕事を進めることができました。ところが，機械制大工業の確立とともに状況は一変します。工場制度において，生産組織に属する1人ひとりの労働者は工場全体の生産計画の遂行を強制されました。工場制度の下，個々の労働者は，もはや自分自身の労働への裁量を持ちません。

5.4　企業

　企業は本質的に，近代社会における工業生産の担い手です。確かに現実には工業生産に限らず，各種サービスの生産においても活発な企業活動が見られますが，ここでは工業生産における企業活動に目を向けましょう。私たちが論じる企業は基本的に製造企業です。

　企業は機械制大工業の下，生産組織を編成して機械体系による生産に取り組みます。もっとも，生産組織を編成しただけでは工場を順調に経営し，工業製品を安定的に社会に供給することはできません。産業革命期，イギリスでは工場主の下に各生産工程に現場監督が配置され，生産現場の労働者を統轄していました。工場経営には生産組織と並んで，それを管理する管理機構あるいは狭い意味の経営組織が必要でした。企業は正確には企業組織であり，企業組織は生産組織と経営組織から構成されます。

　産業革命とその直後，19世紀半ば頃までイギリスにおける製造企業の経営組織は比較的単純でしたが，企業規模が拡大するにつれて企業組織は，より大規模で複雑な形態へ発展します。たとえば，企業が購買・製造・販売・財務等の職能部門を抱えるようになると，図5－1のように経営上層部の下に，これらの職能部門が置かれ，中間管理を担当しました。このような経営組織

図5-1 集権的職能部制組織

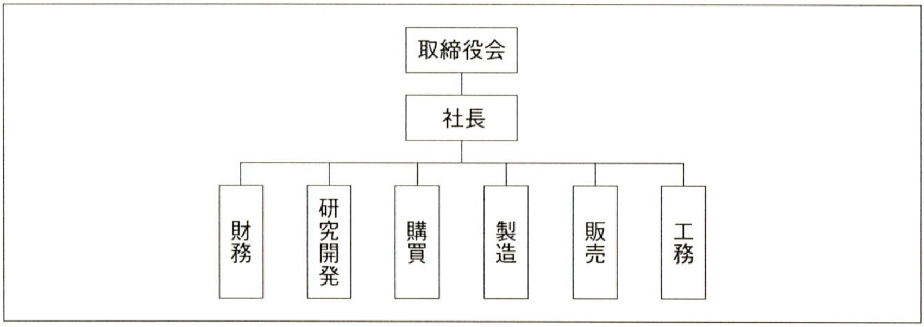

図5-2 分権的事業部制組織

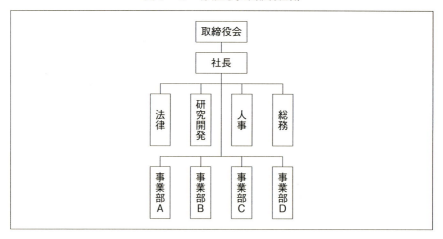

は通常，集権的職能部制組織と呼ばれます。

　20世紀に入り，さらに規模を拡大した企業は同時に異なる工業製品を製造するようになります。製品多角化が進み，経営組織も分権的事業部制組織へと発展します。図5-2のような分権的事業部制組織では，たとえば取締役会の下に製品別に複数以上の事業部が置かれ，各事業部は，所定の製品に関して生産からマーケティングまで一切の業務を引き受けました。事業部の他に，研究開発などの補助部門が置かれるにしても，その役割は限定的です。

　このように企業は，多数の労働者から構成される企業組織ですが，一般に，

企業の生産決定に際して，少なくとも直接的には個々の労働者の希望すなわち職務内容と労働時間，さらに消費生活の希望は考慮されません。企業は，各構成員の意思決定から相対的に独立に企業組織全体の生産目標を定め，機械体系による生産を指揮します。企業は，企業組織を構成する個々の労働者から独立な生産主体になります。

5.5 家計

　企業活動の成果は，とりあえず生産活動を指揮した企業組織に帰属し，その後，企業組織の各構成員に配分され，各構成員の稼得所得になります。労働者は企業組織の一員として生産活動に従事し，その成果の一部を労働供給の対価として受け取るでしょう。それでも，1人ひとりの労働者は，企業組織の生産決定に直接に関与することはできません。

　工場制度の下，家計はもはや，生産決定への直接的関与という意味での生産機能を持ちません。もちろん，農業生産では家計は生産機能を保持しますが，産業革命以降，すでに見たように産業構造における農業生産の地位は大幅に低下しました。

　それでは，生産機能を失ったいま，家計に，どんな役割が残されているのでしょうか。一般に家計は勤労所得をはじめ所得を受け取れば，その所得の範囲内で消費生活に必要な財やサービスを得ようとするでしょう。家計は，稼得所得を支出して消費生活を享受します。生産機能を失った結果，家計には基本的に消費機能のみが残されます。

　近代社会において一般に企業が生産活動を担って生産主体となる一方，家計は，消費生活に特化して消費主体になります。

第6章
市場経済

　この章では家計と企業の役割を確認した上で，マクロ経済の基本構造と市場メカニズムについて学びます。

6.1 家計と企業の役割

　前の章では，与えられた生産技術の下で各経済主体が，どのような経済活動に従事しているのかを説明しました。機械制大工業の下，各工場内に生産組織が編成されれば，企業は，工場内で働く各労働者の消費選択から独立に生産決定を行うことができます。企業は工場制度の下で独立の生産主体になりました。その一方で，家計には消費選択のみが残され，家計は消費主体になりました。それでは，家計と企業の間には，どのような関係が結ばれるのでしょうか。

　近代社会における家計も，消費生活を営んでいるという点では，産業革命に先立つ社会における大多数の家計と変わりません。近代社会においても家計は，食料品をはじめ広範な財を消費するでしょう。

　ところが，近代社会において家計は基本的に，消費生活に必要なこれらの財を自給することはできません。すでに述べたように，この社会では大量の工業製品が生産され，消費生活で各種工業製品は不可欠ですが，各家計は，これらの工業製品を生産することはできません。産業革命以後の家計が，それ以前の家計と決定的に異なるのは，産業革命以後の典型的な家計が，もはや生産機能を持たないことです。

　消費生活に必要な各種の財を自給できない以上，家計は，これらの財を外部から調達するほかはありません。家計は，消費生活に必要な各種生産物を外部に求めます。

　さて，人々は日々の労働が終わると帰宅して家族と食卓を囲み，休養をとり，また自ら家庭を築き，将来の労働の担い手である子供を産み，育てるで

しょう。家計の消費生活の中で，毎日の労働によって疲弊した労働力の回復がなされ，また老いて死を迎える労働力が世代を超えて再生されます。労働力の回復と再生を労働力の再生産と呼びます。家計は消費生活を通じて日々の，また世代を超えての労働力の再生を果たすでしょう。家計は各種消費財を需要する一方，労働力を中心とする各種生産要素を供給します。

他方，企業は近代社会における工業生産の担い手であり，工場設備を駆使して各種工業製品を生産します。もっとも，消費機能を持たない以上，企業は，生産活動に投入される労働力を再生産することはできません。企業は労働力の供給を外部に依存することになります。こうして，企業は工業製品を生産し，外部に供給する一方，労働力を中心とする各種生産要素を需要します。

6.2 マクロ経済の基本構造

改めて企業と家計の関係を整理しましょう。家計は，工業製品を含む各種消費財を需要し，企業は工業製品を家計に供給します。もちろん，家計が必要とする消費財は工業製品ばかりではありません。しかし，近代社会では農業生産に比べて工業生産が優位に立ち，財の生産において農産物に対して工業製品が，はるかに高い比率を占めることは，すでに説明しました。ここでは工業製品の需要と供給を取り上げましょう。

一方，企業は，労働力を含む各種生産要素を需要し，家計は労働力を企業に供給します。もちろん企業が必要とする生産要素は労働力ばかりではありません。工場建設には広大な敷地が必要であり，また生産設備の導入には多大な事業資金が必要です。企業は，労働力以外にも土地や資本などの生産要素を需要します。

一部の家計は土地を保有しており，土地に対する企業の需要に応えることができます。また，第8章で詳しく説明するように，余剰資金を持てば，家計は，企業が発行する社債や株式を購入するでしょう。家計は，社債や株式を購入する形で企業に資本を供給します。より正確には家計は労働力だけでなく，土地や資本を保有し，これらの生産要素も企業に供給しています。

とはいえ，労働力の需要と供給と並んで，土地や資本の需要と供給を扱えば，説明が繁雑になることは避けられません。そこで，以下では説明を簡単にするために労働力を中心に説明を進めましょう。

企業と家計の間で工業製品と労働力の相互供給が行われます。さて消費生活において各種工業製品が欠かせない以上，かつ生産活動において労働力の投入が欠かせない以上，工業製品と労働力の相互供給は近代社会における財の生産と労働力の再生産の必要条件です。言い換えれば，近代社会では工業製品と労働力の相互供給なしに財の生産と労働力の再生産を達成することはできません。

もっとも，この相互供給において工業製品と労働力の直接交換が行われることは皆無でないにしても極めて例外的です。確かに労働者が労働力の供給の対価として工業製品を現物で受け取れば，工業製品と労働力の直接交換が実現するでしょう。しかしながら，現実には，そのような直接交換は，めったに起こりません。

労働者の勤務先の企業が，労働者が必要とする消費財を生産しているとは限りませんし，また，たとえ労働者が必要とする消費財を企業が生産していたとしても，1人ひとりの労働者は，その企業の工業製品のごく一部を需要するにとどまるでしょう。毎日の生活には多種多様な消費財が必要であり，家計は，それだけ多くの企業から，これらの消費財を入手する必要があります。

そこで，家計は1つの企業に労働力を供給し，その対価を，とりあえず貨幣所得の形で受け取ります。次の章で詳しく説明するように，現金であれ銀行預金であれ貨幣を持てば，各人は貨幣と引き換えに希望する任意の財を入手することができるでしょう。続いて家計は貨幣を支出して，必要な消費財，この場合は工業製品を他の多くの企業から需要するでしょう。

こうして，工業製品と労働力の相互供給は2つの貨幣取引に分割されます。第一の貨幣取引では家計は企業に労働力を販売する一方，企業は家計に貨幣賃金を支払い，家計と企業の間で労働力と貨幣が交換されます。もちろん第一の貨幣取引が終了しても家計の取引目的は達成されません。さらに家計は第二の貨幣取引に進み，多数の企業から必要な工業製品を購入します。第二

図6－1　マクロ経済の基本構造

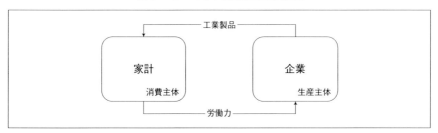

の貨幣取引では企業は家計に工業製品を販売する一方，家計は企業に工業製品の購入代金を支払い，企業と家計の間で工業製品と貨幣が交換されます。

2つの貨幣取引が完了すれば，家計は工業製品を取得し，最終的に家計と企業の間で労働力と工業製品の交換が実現するでしょう。非常に多くの場合，労働力と工業製品の交換は直接交換ではありません。労働力と工業製品の交換は貨幣を媒介にした間接交換です。

ともあれ，近代社会では労働力と工業製品の交換なしに企業が工業製品の生産を続け，家計が労働力の再生産を果たすことはできません。日本やアメリカ，中国などの各国の国内経済は，しばしばマクロ経済と呼ばれますが，無数の家計と無数の企業の相互関係は，この経済の基本構造を形成しています。図6－1にマクロ経済の基本構造を図示しました。マクロ経済学（Macroeconomics）はマクロ経済を研究します。

6.3　市場メカニズム

近代社会において企業は工業製品を販売し，家計は工業製品を購入します。マクロ経済全体では無数の企業が各種工業製品を販売し，無数の家計が，これらの工業製品を購入しますが，個々の工業製品の需要と供給の関係に注意しましょう。個々の工業製品に関して企業が供給する数量と家計が需要する数量は一致するでしょうか。

また，家計は各種消費財を入手するために労働力を販売し，一方，企業は工業製品を生産するために労働力を購入します。やはり，マクロ経済全体で

は無数の家計が労働力を販売し,無数の企業が労働力を購入しますが,労働力の需要と供給の関係に注意しましょう。家計が供給する労働力の数量と企業が需要する労働力の数量は一致するでしょうか。

近代社会において,個々の工業製品に関して需要と供給が一致するかどうか,また労働力について需要と供給が一致するかどうかは,財の生産と労働力の再生産に関わる非常に重要な問題です。

もし,ある工業製品に関して全家計の需要量が事前に判明していれば,各企業に生産量を割り当てて工業製品の供給量を調整できるでしょう。近代社会では各家計は各々の判断に基づいて消費財の需要量を決め,また各企業は各々の生産計画に基づいて消費財の供給量を決めます。しかし,この社会には基本的に,家計の消費選択を事前に企業に伝達する取り決めはありません。

各企業は需要を予想して工業製品を生産し,その結果,個々の工業製品の取引を巡って,ごく普通に品不足や過剰生産が発生するでしょう。もちろん,工業製品の超過需要が発生すれば,消費者の不満が募るでしょうし,工業製品の超過供給が資源の浪費であることは言うまでもありません。

それでは,どうすれば,事後に生じた工業製品の超過需要や超過供給を解消できるのでしょうか。いま,工業製品 X が価格 p で販売されているとき,消費者全体が工業製品 X の購入のために一定の貨幣総額 $\bar{M}$ を用意したとしましょう。この状況で,もし

$$pX < \bar{M}$$

であれば,工業製品の需要量 $\bar{M}/p$ は供給量 X を上回り,工業製品の超過需要が発生していることになります。

このとき,価格 p が上昇すれば,工業製品の需要量 $\bar{M}/p$ は減少するでしょう。価格 p が十分に上昇すれば,やがて工業製品の需要と供給が一致し,超過需要が解消されるでしょう。

$$pX = \bar{M}$$

逆に,もし

$$pX > \bar{M}$$

であれば，工業製品の供給量 X は需要量 $\bar{M}/p$ を上回り，工業製品の超過供給が発生していることになります．このとき，価格 p が低下すれば，工業製品の需要量 $\bar{M}/p$ は増加するでしょう．価格 p が十分に低下すれば，やがて工業製品の需要と供給が一致し，超過供給が解消されるでしょう．

市場取引では，たとえ当初，財の超過需要や超過供給が見られても，財の価格が十分に伸縮的であれば，価格変動により財の需要と供給は均衡します．財の超過需要の下で財の価格が上昇し，財の超過供給の下で財の価格が低下する仕組みを市場メカニズム（market mechanism）といいます．工業製品の市場では市場メカニズムが働き，十分な価格変動を通じて工業製品の需給均衡が達成されると考えられています．

次に労働力の需要と供給に注意を向けましょう．ここでも労働力の需要と供給を事前に調整する取り決めはありません．近代社会では各企業は各々の生産計画に基づいて労働力の需要量を決め，また家計は各々の判断に基づいて労働力の供給量を決めるでしょう．各経済主体は基本的に独立に意思決定を行い，経済主体間の事前の調整はありません．

事前の需給調整が働かない以上，労働力に関しても超過需要と超過供給が発生することでしょう．労働力の超過需要が発生すれば，企業は当初の生産計画を実施できませんし，労働力の超過供給は家計の不満を高めるでしょう．労働力の超過需要と超過供給は，どのようにして解消されるのでしょうか．

いま，労働力 L が貨幣賃金率 w で，すなわち 1 時間あたり貨幣賃金 w で供給されているとき，マクロ経済全体で企業が労働力 L の購入のために貨幣総額 $\bar{M}$ を用意したとしましょう．この状況で，もし

$$wL < \bar{M}$$

であれば，労働力の需要量 $\bar{M}/w$ は供給量 L を上回り，労働力の超過需要が発生していることになります．このとき，貨幣賃金率 w が上昇すれば，労働力の需要量 $\bar{M}/w$ は減少するでしょう．貨幣賃金率 w が十分に上昇すれば，やがて労働力の需要と供給が一致し，超過需要が解消されるでしょう．

$$wL = \bar{M}$$

逆に，もし

$$wL > \bar{M}$$

であれば，労働力の供給量 L は労働力の需要量 $\bar{M}/w$ を上回り，労働力の超過供給が発生していることになります。このとき，貨幣賃金率 w が低下すれば，労働力の需要量 $\bar{M}/w$ が増加するでしょう。貨幣賃金率 w が十分に低下すれば，やがて労働力の需要と供給が一致し，超過供給が解消されるでしょう。

　貨幣賃金率を労働力の価格と見なせば，労働力の売買に関しても工業製品の売買と同様，市場メカニズムが働いているのがわかるでしょう。さらに市場メカニズムが働く以上，労働力は市場で売買されていると考えることができます。労働市場でも市場メカニズムが働き，十分な賃金変動を通じて労働力の需給均衡が達成されるでしょう。

　近代社会では特別な場合を除いて各種工業製品の需要と供給の事前調整および労働力の需要と供給の事前調整が行われることはありません。各企業は非常に多くの場合，見込み生産に取り組み，見込み生産の結果，生じる工業製品および労働力の需給不均衡は市場メカニズムによって事後的にしか調整されません。近代社会では社会全体の生産決定は一般に無政府的であり，工業製品および労働力の需給均衡は通常，第9章で詳しく見るように多くの人々の試行錯誤を通じて達成されます。市場経済では経済主体間の市場取引によって財の生産と労働力の再生産が進められ，その意味で近代社会の経済はまさしく市場経済です。

6.4　基本構造の拡張

　マクロ経済は無数の家計と無数の企業から構成され，これらの家計と企業の間で貨幣を媒介にしながら工業製品と労働力の相互供給が行われることは，すでに述べました。無数の家計と無数の企業およびそれらの間の工業製品と

労働力の相互供給はマクロ経済の基本構造です。とはいえ、マクロ経済は基本構造だけで成り立っているのでありません。また、私たちは、これまでマクロ経済の説明に際して暗黙の前提を置いてきました。この節では、基本構造以外のマクロ経済の構成要素と、これまでの説明の暗黙の前提について説明しましょう。

この章で論じてきた企業は正確には消費財を生産する企業です。それゆえ、企業は、もっぱら家計に対して工業製品を供給してきました。ところが、企業が生産する工業製品は消費財であるとは限りません。工業原材料や労働用具、機械など生産手段として用いられる財を、消費財に対して生産財といいます。文献によっては生産財を資本財や投資財と言い換えていますが、意味は変わりません。企業が生産する工業製品には種々の生産財が含まれ、生産財を生産する企業は一般に、家計にではなく他の企業に工業製品を供給します。

消費財生産企業は家計に工業製品を供給し、家計は消費財生産企業に労働力を供給しました。消費財生産に限定すれば、企業と家計の取引関係は比較的単純であり、図6－1では、この取引関係が示されました。

一方、工業生産を生産財生産にまで拡大すれば、企業と家計の取引関係は、もう少し複雑になります。たとえば、生産財生産企業は消費財生産企業に生産財を供給し、消費財生産企業は家計に消費財を供給し、さらに一部の家計は生産財生産企業に労働力を供給するでしょう。このとき、生産財生産企業、消費財生産企業および家計の三者の間で取引関係が結ばれます。

2部門モデル（two sector model）では社会全体の産業が生産財生産部門と消費財生産部門に分けられ、2つの生産部門および家計の間の取引関係が研究されます。

さて、マクロ経済において無数の企業が各々の判断で生産決定を行い、また無数の家計が、やはり各々の判断で消費選択を行うとき、これらの経済主体の意思決定が全体として整合的である保証はありません。個々の工業製品に関して、あるときは需要が供給を上回り、また、あるときは供給が需要を上回るかもしれません。同様にして労働力に関しても超過需要や超過供給が発生する可能性を否定することはできません。そこで、近代社会では市場取

引が発達し，個々の工業製品の市場で製品価格が変動して工業製品の需給不均衡が調整され，また労働市場では貨幣賃金率が変動して労働力の需給不均衡が調整されることはすでに述べました。

市場メカニズムが順調に働き，工業製品と労働力の相互供給が過不足なく達成されれば，マクロ経済の基本構造は原則として外部からの介入なしに維持されます。実は近代社会においてマクロ経済が相対的に自立した領域である根拠が，この点にありますが，それはともかく，市場取引が円滑に進めば，近代社会において工業製品が適正に生産され，労働力が支障なく再生産されるでしょう。

とはいえ，市場取引は円滑に進むのでしょうか。特に個々の市場において市場メカニズムは常に適正に機能するのでしょうか。

市場内で主要な生産者が事前に価格協定を結べば，適正な市場価格の形成が妨げられます。また，市場への新規参入が制限されていれば，消費者は不当に高い価格を支払うことになるでしょう。このような市場メカニズムの進行を妨げる障害を除くのは政府の役割です。マクロ経済における政府の第一の機能は，たとえば独占禁止法を制定し，不合理な規制を緩和して市場メカニズムの正常な進行を支援することです。

もちろん，政府の役割は，そればかりではありません。一般に国防や警察，基礎教育などの公共サービスを市場で供給することはできません。政府の第二の機能は，市場メカニズムの下では適切に供給できない公共財を供給することです。この場合，政府自身が資源配分の調整機能を持ちます。

第三に，市場取引を通じてマクロ経済全体で財が生産され，労働力が再生産されたとして，市場取引は第13章で詳しく説明するようにマクロ経済の内部に高所得者と低所得者を生み出してしまうかもしれません。市場経済の下での所得格差の是正も政府の役割です。政府は累進課税制度を設け，また社会保障を充実して所得の再分配を行います。政府の第三の機能は所得の再分配です。

第四に，マクロ経済の動向は好不況の波と無関係ではありません。また，市場経済では金融危機やインフレーションなどの経済危機も発生するでしょう。第10章で景気循環について，第11章で金融危機とインフレーションにつ

いて詳しく説明しますが，政府には景気循環や経済危機に対して適切に対応することも求められます。事実，政府は不況期に財政政策や金融政策を駆使して景気対策に取り組み，金融危機に直面して市場に緊急に資金供給を行うでしょう。政府の第四の機能は経済の安定です。

政府もまたマクロ経済の構成員であり，マクロ経済における市場メカニズムの運行を妨げる障害を除き，市場メカニズムの限界を乗り越え，さらに市場メカニズムが引き起こす経済的困難に対処します。通常，政府の機能として規制緩和，資源配分の調整，所得の再分配，経済の安定の4つが指摘されますが，最後に政府には，もう1つの役割があることを忘れてはなりません。

工業製品の市場において企業は工業製品の処分を決め，労働市場において労働者は自分自身の労働力の処分を決めます。企業が工業製品の処分を決定できるのは企業に工業製品の所有権が認められているからであり，労働者が自分自身の労働力の処分を決定できるのは労働者に労働力の所有権が認められているからです。所有権の設定なしには財や労働力の処分を決定することはできません。

さらに，工業製品の売買契約が結ばれると，工業製品の所有権は企業から家計に移り，雇用契約が結ばれると，労働力の所有権は家計から企業に移るでしょう。市場取引は所有権の移転を伴い，市場取引に参加する個々の経済主体の所有権が保護されない限り，市場経済は円滑に機能しません。各経済主体の所有権の設定と保護は市場経済の制度的前提です。

それでは誰が各経済主体の所有権を設定し，保護しているのでしょうか。マクロ経済において政府が家計や企業などの所有権を認定し保護して，市場経済にその制度的前提を提供しています。もっとも，市場経済の制度的前提は所有権の設定と保護ばかりではありません。

第7章 貨幣制度

　この章では近代社会における市場取引の特徴を確認した上で，取引費用，貨幣取引，貨幣の3つの機能および貨幣制度について学びます。

7.1 前近代社会の市場取引

　私たちは毎日の暮らしでお金を使い，お金は現代の経済で欠くことのできない存在です。また一般の人々は，経済学は，お金のことを研究していると考えています。経済学では，お金のことを貨幣といいますが，この章では貨幣と貨幣制度を取り上げましょう。もちろん貨幣は種々の市場取引で使われ，貨幣の使用は広範な市場取引を前提にしています。

　前の章ではマクロ経済の基本構造を説明しました。企業は家計に工業製品を供給し，家計は企業に労働力を供給します。多数の家計と企業はマクロ経済の基本構造を構成し，多数の家計と企業の間で市場取引が行われます。近代社会では市場取引は社会の隅々まで行き渡っています。とはいえ，市場取引の普及は，どんな社会でも見られる現象ではありません。市場取引の普及は近代社会に固有な経済現象です。

　財と財の交換は必ずしも市場取引ではありません。市場取引とは当事者間の自由な交換です。市場取引では誰もが他人からの干渉を受けることなく財の交換に参加することができ，また，財の交換から撤退することも自由にできます。したがって，市場参加者は取引条件に関して取引相手と交渉を行い，双方が合意に至らなければ，財の交換は実現しません。

　特に，市場取引において自分が提供する財と引き換えに，どれだけの財が得られるかは重要な交渉事項であり，財と財の交換比率は固定されていません。財の交換比率すなわち市場価格は交渉過程で改定され，価格改定は当事者が納得するまで続くでしょう。市場取引は自由な交換であり，一般に自由な交換において価格変動が引き起こされます。

確かに，このような自由な交換は非常に古くから行われていました。実際，農業生産の生産力が高まり，社会の必要消費量を超える余剰農産物が生産されるようになると，余剰農産物の自由な交換が始まりました。産業革命に先立つ社会においても市場取引は決して皆無ではありません。

前近代社会における市場取引の代表的な事例は農村と都市の間の地域内交易です。都市とその周囲の農村は，しばしば地域交易圏を形成しました。前近代社会において都市は多くの場合，商工業の中心であり，各種の手工業者が集まるとともに都市の内外には定期的に市(いち)が立ちました。地域交易圏内の農民は，収穫された農産物を，城門付近の空地や都市中心部の広場などで開催される市場(いちば)に運び込み，その一方で高価な衣類や調度品などを買い求めました。典型的には週に1回か2回の割合で開催される週市（market）で地域交易圏内の余剰農産物と工業製品が交換されました。

もっとも，各都市の市場を訪れるのは地域交易圏内の農民ばかりではありません。地域交易圏の外からも，その地域の特産物を求めて多数の商人が来訪しました。また地域交易圏を越えた遠隔地交易も盛んに行われます。たとえば，大聖堂や大寺院の門前では年に数回，教会や寺院の祭礼日に合わせて年市（fair）が開催され，年市は遠隔地交易の舞台になりました。

こうして，前近代社会においても数多くの農民・手工業者・商人が市場取引に参加し，多種多様な財が地域内交易や遠隔地交易の場で取引されます。さらに生産力の向上とともに，市場で取引される財の数量も増大していくでしょう。しかし，それでも前近代社会における市場取引は一定の限界内に置かれます。

農民は，近隣の都市の市場を訪れ，穀物や野菜・果実を売り払いましたが，それらは，ほぼ例外なく余剰農産物でした。

生産過程で消耗した原材料を補塡し，磨耗した生産設備の更新に備え，さらに労働者の生活を維持してはじめて，社会は翌年も同じ規模の生産を続けることができます。社会的生産のうち現在の生産規模を維持するのに必要な原材料補塡分，更新設備および労働者の生活物資を必要生産物（necessary product）といいます。同一規模での財の再生産を単純再生産といいました。必要生産物は単純再生産に必要な生産物と言い換えることもできるでしょう。

一方，剰余生産物（surplus product）は，社会的生産物のうち必要生産物を超過する部分です。前近代社会において剰余生産物の少なからぬ部分は余剰農産物でした。

農民は，自家消費分を確保した上で，それを超える余剰分を市場に持ち込んだのです。このとき，農民は市場取引の成否にかかわらず，消費生活を維持し，その上，翌年の農業生産に取り組むことができたでしょう。農産物の生産と労働力の再生産は市場取引の外で進められました。

前近代社会では農業生産が優位であり，就業人口の大部分が農業生産に従事していたことは，すでに述べました。その上で農民は，自分自身の保有地を耕作し，翌年に播く種子を用意し，しかも食料をはじめ生活に必要な消費財の大部分を自給することができました。

農民が生産した農産物や若干の工業製品は直接，生産活動の維持と自家消費に向けられ，農民の生産活動や消費生活は基本的に市場取引に依存しません。前近代社会における社会的再生産は原則的に自然経済の中で進行します。

前近代社会においても，すでに述べたように地域内交易や遠隔地交易が発展し，活発な商業活動が見られました。しかし，市場取引は決して前近代社会における社会的再生産に触れることはありません。たとえ商業活動が停滞し，市場取引全般に混乱が生じても，その影響が財の生産と労働力の再生産に及ぶことはありません。

7.2 近代社会の市場取引

産業革命期，国内各地に建設された工場は多数の労働者を雇用し，大量の工業製品を生み出しました。ところが，工場が供給する各工業製品の生産量は，その工場で働く労働者の全消費量をはるかに超えてしまうのが普通です。そこで，工場を経営する企業は，工場で働く労働者以外に，広く国内外の消費者一般に工業製品を販売する必要があります。

産業革命の前後には先進工業諸国の国内で運河・道路・鉄道などの交通網の整備が進みます。各企業の工業製品は，これらの交通網を利用して運ばれ，国内各地の消費者に届くようになりました。また，物流の物理的障害だけで

なく制度的障壁も徐々に取り除かれていきます。商品の自由な流通を妨げていた国内関税も撤廃されました。

　こうして主要な工業製品に関して国内全域を覆う統一的な市場が形成されると，企業は全国の消費者に向けて工業製品を販売できるようになります。大量の工業製品の生産と販売は堅く結びついています。

　一方，工場で働く労働者は機械制大工業の下で消費生活に必要な種々の財を自給することはできません。労働者は，たとえ自分が働く工場から工業製品の現物支給を受けたとしても，それだけで消費生活を維持することはできません。労働者もまた全国規模の市場に依存し，数々の消費財を買い求めます。さらに，工業原料や部品，建築資材，機械類についても全国規模の市場が形成されます。

　前近代社会では主に余剰農産物を中心に剰余生産物が市場で取引されました。一方，近代社会では市場取引の対象は剰余生産物に限りません。近代社会の市場取引では剰余生産物に加えて，工業製品の生産および労働力の再生産に必要な財が取引されます。

　もちろん，社会全体で市場取引が正常に機能しなければ，近代社会では工業製品を首尾よく再生産し，また労働力を支障なく再生産することはできません。前の章ではマクロ経済の基本構造を説明し，家計と企業の間で労働力と工業製品の交換が行われることを明らかにしました。この交換は市場取引であり，市場取引は社会的再生産の必要条件でした。近代社会では，前近代社会と異なり，市場取引なしには財の生産と労働力の再生産が順調に進みません。

　こうして，近代社会において市場取引は社会的再生産の中核に位置し，市場取引は非常に日常的な光景になりました。やや誇張して言えば，この社会では人々は，いつでもどこでも市場取引に参加することができます。

　また市場取引の普及は市場という語の意味を変えてしまいました。市場は本来，市場取引が行われる地理的な場所の意味を持っていましたが，今では市場は通常，場所を表していません。市場は強いて言えば，市場取引が行われる抽象的な場を意味し，実際には市場取引自体を表します。

7.3 市場取引の費用

　市場取引に関して，さらに詳しい検討を加えましょう。生産活動と同様，市場取引にも費用がかかり，市場取引全般に要する費用を取引費用（transaction cost）といいます。より正確には取引費用とは1つの経済主体から他の経済主体への所有権の移転に伴って発生する費用全般を指します。

　財の売買が成立すれば，財の所有権は財の売り手から財の買い手に移りますが，一般に，このような所有権の移転が売り手または買い手の負担なしに実現することはありません。実際，市場取引において各人は取引相手を探し，取引相手が見つかれば，取引対象の数量と品質を確認した上で価格交渉を行い，双方が合意すれば売買契約を結び，契約内容を記録に残すでしょう。さらに契約が不履行になれば，法的手段に訴え，取引相手に損害賠償を請求するかもしれません。これらすべての行為は市場参加者の時間を費やし，また物的費用を伴います。市場取引にかかる人的物的費用が取引費用です。

　イギリス出身の経済学者コース（R. H. Coase）は1930年代，企業の本質を論じる中で市場メカニズムにも費用がかかることを指摘しました[1]。コースは取引費用を便宜的に，均衡価格を見出すのに要する費用と交渉を行って契約を結ぶのに要する費用とに大別しました。前者は主として取引相手を探す情報収集の費用であり，後者は主として取引相手との交渉と契約の費用です。

　市場取引にも生産活動と同様，費用がかかるとすれば，人々は，機会あるごとに取引費用を節約しようと努めるでしょう。取引費用を削減する取引技術が考案され，取引費用を引き下げる取引制度が創設されます。

　郵便や電信，電話，ファックス，インターネットなど各種の情報伝達手段を利用すれば，市場参加者は直接，出会わなくても取引相手を見つけることができるでしょうし，また，印刷・郵便・通信・放送・情報処理などの技術が向上すれば，その費用も大幅に低下するでしょう。

　さらに，前もって決められた場所と時間に市場が開設されることが周知されれば，消費者は，そこに所望の財を買い求め，生産者は，そこに生産物を持ち込もうとするでしょう。定期市が開催されれば，それだけ売り手と買い

手が出会う機会が増え，財の交換が促されます。特定の種類の商品のみを売買する商品取引所の開設も同様の効果を持つにちがいありません。

　取引制度が，市場参加者間での財の交換を促進し，取引費用を節約する目的で結ばれた暗黙の，あるいは明文化された社会的合意であるとすれば，定期市の開催や商品取引所の開設は1つの取引制度と考えてよいでしょう。以下で解説する貨幣制度も，このような取引制度の1つです。

7.4　直接交換

　生産活動や消費生活に有用な財を，同様に有用な他の財に交換する市場取引を財と財の直接交換と呼びましょう。日常的には，このような市場取引は物々交換と呼ばれますが，この呼び方は正確ではありません。正確には直接交換は単に物的対象同士の交換ではありません。直接交換とは有用な財同士の交換です。一方，直接交換ではない財の交換を間接交換と呼びましょう。間接交換では有用な財が，以下で詳しく説明するように交換手段を介して間接的に，他の有用な財と交換されます。

　前節で述べたように市場取引に費用がかかるとき，取引費用の大きさは，さしあたり市場取引の回数に比例していると考えてよいでしょう。財と財の直接交換では市場取引は1回で済みます。にもかかわらず，一般に直接交換に要する取引費用は小さくありません。というのは，直接交換では取引相手を探すのが困難だからです。

　たとえば，パン屋が肉を欲していても，肉屋がパンを望んでいなければ，パンと肉の交換は行われません。パン屋が肉を欲し，かつ肉屋がパンを望んでいるとき，すなわち互いの要求が同時に満たされたときはじめてパンと肉が交換されます。イギリスの経済学者ジェボンズ（W. S. Jevons）は，市場取引に参加する者の間で互いの欲求が満たされた状態を「欲望の二重の一致」（double coincidence of wants）と名付けましたが，「欲望の二重の一致」が見られたときはじめて直接交換が実現します。ところが，財市場で「欲望の二重の一致」が成立するような取引相手を見出すことは不可能でないにしても決して容易ではありません。

図7−1　北欧3カ国の需給構造

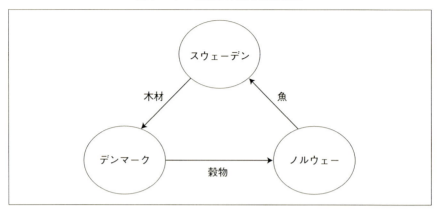

　たとえば，北欧3カ国，スウェーデン，ノルウェーおよびデンマークがそれぞれ，木材・魚および穀物を特産物としているとしましょう。スウェーデン，ノルウェーおよびデンマークは順に木材・魚および穀物を輸出しますが，その一方で，順に魚・穀物および木材に対して国内需要を持ちます。

　この状況で，もし各国が国内需要を持たない財を輸入しないとしたら，どの2国間でも貿易は成立しません。確かに，図7−1が示すようにスウェーデンはデンマークに木材を輸出することができます。しかし，スウェーデンは穀物に対して国内需要を持ちませんから，スウェーデンとデンマークの間で貿易は成立しません。同様にしてデンマークとノルウェーの間でも，ノルウェーとスウェーデンの間でも貿易が成立しないことがわかります。

　また，生産財生産企業，生産財生産企業に労働力を供給する家計および消費財生産企業の間の市場取引を想定しましょう。家計は消費財生産企業にも労働力を供給できますが，ここでは生産財生産企業に労働力を供給する家計のみを取り上げましょう。もちろん生産財生産企業は生産財を，消費財生産企業は消費財を生産し，家計は労働力を供給しますが，その一方で，順に労働力，生産財および消費財を必要とします。

　このとき，3つの経済主体のうち，どの2つの間でも直接交換は成立しないでしょう。実際，図7−2に生産財生産企業，消費財生産企業および家計の需給構造を図示しました。図7−2に示すように生産財生産企業は消費財

図7−2　企業と家計の需給構造

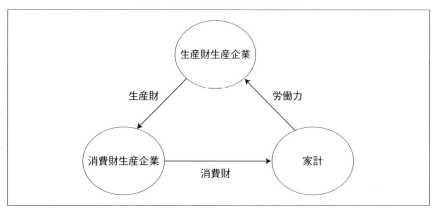

生産企業に生産財を供給しますが，生産財生産企業は消費財を必要としません。消費財生産企業は家計に消費財を供給しますが，消費財生産企業は，この家計の労働力を雇用しません。最後に，家計は生産財生産企業に労働力を供給しますが，家計は，生産財を必要としません。こうして，ここで取り上げた3つの経済主体のうち，どの2つの間でも直接交換は成立しないことがわかります。

　複数の経済主体間で「欲望の二重の一致」が成立しない2つの事例を示しました。図7−1と図7−2を比べれば，わかるように，この2つの事例は非常によく似ています。実際，両者の需給構造は同一です。とはいえ，それぞれの需給構造を成立させている事情は異なります。

　一般に各国が何を輸出し，何を輸入するのかは各国固有の地理的歴史的あるいは文化的条件に依存し，相当程度，偶然に左右されます。それに対し，生産財生産企業，消費財生産企業および家計の間の関係は本質的に生産財と消費財の性質および労働力の再生産，簡単に言えば社会的再生産の諸条件に規定されます。さらに社会的再生産の諸条件は，前の章で詳しく説明したように近代社会の技術的基礎を反映しており，したがって，図7−2の事例における企業と労働者の需給関係は決して偶然の産物ではありません。

7.5　貨幣取引

　もう一度，北欧3カ国の事例にもどりましょう。この事例ではデンマークはスウェーデンから木材を輸入することができませんでした。というのは，直接交換を前提とする限り，デンマークはスウェーデンに供給できる財を持たなかったからです。ところが，もしデンマークがノルウェーから魚を輸入するとしたら何が起こるでしょうか。

　第一に，図7－3が示すようにデンマークが魚を輸入すれば，デンマークとノルウェーの間で貿易が始まります。その上でデンマークがスウェーデンに魚を再輸出したとすれば，デンマークはスウェーデンから念願の木材を輸入できるでしょう。第二にデンマークとスウェーデンの間にも通商の道が開かれます。

　改めてデンマークが魚に対して国内需要を持たないことに注意しましょう。魚はデンマークにとって直接の消費対象ではありませんでしたが，デンマークはスウェーデンから木材を得るための手段として魚を受け入れました。所望の財を得るために受容される財を交換手段といいます。魚はデンマークの交換手段になりました。

図7－3　交換手段の利用

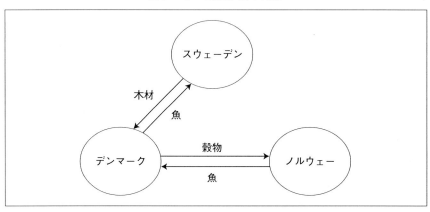

財と財の直接交換の実現が容易でないことは，すでに述べました。一方，所望の財以外の財を交換手段として利用すれば，所望の財の取得が容易になるかもしれません。交換手段を用いた財の交換を間接交換といいました。間接交換では市場参加者は最初に，保有する財を交換手段に替え，その上で交換手段を所望の財に替えます。

　市場取引に際して人々は交換手段を使用するかどうかを決めることができます。交換手段が使用されなければ財の交換は直接交換に，使用されれば間接交換になります。それでは人々は，どちらを選択するのでしょうか。

　第一に直接交換と間接交換の間の選択は基本的に取引費用の問題です。生産活動は市場取引に先立って完結しており，各財の生産費用は，この選択に影響を及ぼしません。1人ひとりの市場参加者は直接交換と間接交換の費用を比較して，より安価な交換方法を選択するでしょう。

　もっとも，間接交換において各人が保有する財は最初に交換手段に替えられます。第二に，より多くの人々によって受け入れられる財を交換手段に採用すれば，各人は次の交換で，それだけ容易に所望の財を取得でき，取引費用を節約できます。したがって，もし，誰もが受け取りを拒まない財を交換手段にすることができれば，取引費用は最大限に節約されるでしょう。誰からも受け取りを拒まれることがない交換手段は一般的交換手段（general means of exchange）と呼ばれます。

　貨幣は一般的交換手段であり，人々は十分な量の貨幣と交換に，市場に出回るどんな財も取得できます。

　間接交換は，交換手段を活用する財の交換でした。貨幣取引も1つの間接交換であり，貨幣取引では貨幣が交換手段になります。貨幣取引において各人はまず，自分が保有する財を提供して貨幣を得るでしょう。これが財の販売です。その上で各人は貨幣と引き換えに所望の財を取得します。これが財の購入であり，貨幣経済の市場取引は原則的に財の販売と財の購入に分けられます。

7.6 貨幣の3つの機能

マクロ経済では貨幣取引が支配的であり，財と財の直接交換が行われることは，ほとんどありません。前の章では労働力と消費財が交換されると説明しました。しかし，実際には労働力と消費財が直接に交換されることは，ほとんどありません。家計は労働力を販売して貨幣賃金を受け取り，その上で貨幣を支払って，消費財を購入します。一方，企業は消費財を販売して貨幣収入を稼ぎ，その上で貨幣賃金を支出して労働力を購入します。正確には労働力と消費財の交換は間接交換であり，貨幣が，この交換を媒介します。

繰り返しになりますが，家計は貨幣を支払って，消費財を購入し，企業は消費財を販売して貨幣収入を得ました。この市場取引では消費財と貨幣が交換され，一般に財と貨幣が交換される市場を財市場といいます。

また，企業は貨幣賃金を支出して労働力を購入し，家計は労働力を販売して貨幣賃金を受け取りました。今度は労働力と貨幣が交換され，労働力と貨幣が交換される市場を労働市場といいます。

貨幣経済は貨幣取引が支配的な市場経済です。現代の経済は貨幣経済であり，財市場では財が，労働市場では労働力が売買されます。

貨幣取引がマクロ経済全体に行き渡れば，すべての財と生産要素が貨幣と交換されるようになるでしょう。貨幣は，すべての財と生産要素の市場取引に入り込みます。この市場取引で差し当たり，財と財の交換比率あるいは財と生産要素の交換比率は必要ありません。各財の市場では各財と貨幣の交換比率に関心が集まり，各財の価格は各財1単位が貨幣何単位と交換できるかを示します。たとえば，リンゴ1個の価格が100円であるとき，リンゴ1個は100円の硬貨と交換できます。同様にして各生産要素の価格は各生産要素1単位が貨幣何単位と交換できるかを示します。

こうして，貨幣はマクロ経済のすべての会計計算の計算単位（unit of account）になりました。計算単位となる財を価値尺度財あるいはニュメレール（numéraire）といいますが，貨幣は価値尺度財であり，一般的交換手段としての機能に加えて計算単位としての機能を持ちます。

もっとも，貨幣が持つ機能は，そればかりではありません。一般に貨幣取引では財の販売と購入の間に時間的な遅れがあり，たとえば生産者は彼の生産物を販売した後，一時的とはいえ貨幣を保有します。このとき，手元にある貨幣が物理的に損壊したのでは，生産者は所望の財を，期待していた量だけ購入することはできません。所望の財を購入するまでの期間，貨幣には生産物の価値の貯蔵（store of value）が求められ，貨幣は価値貯蔵手段としての機能を持ちます。

　結局，貨幣経済において貨幣は次の3つの機能を果たします。すなわち貨幣は第一に一般的交換手段として，第二に計算単位として，第三に価値貯蔵手段として機能します。

7.7　貨幣制度

　前節で述べたように貨幣は一般的交換手段ですが，一般的交換手段は，どのように生み出されたのでしょうか。一般的交換手段は市場経済の内部で誕生したのでしょうか。それとも市場経済の外部から持ち込まれたのでしょうか。ここに貨幣の起源（the origin of money）と呼ばれる古くからの問題があります。

　実は，この問題に対して今でも専門家の間で見解が分かれており，支配的な学説はありません。この節では2つの代表的な見解を紹介することにしましょう。

　結論を先に言えば，第一の見解は貨幣が市場取引の反復を通じて市場経済の内部で生成すると考えます。直接交換によって所望の財を入手することが著しく困難であると判断すれば，たとえば，生産者は自分自身の生産物を交換手段に替えて，その上で交換手段と引き換えに所望の財を手に入れようと考えるでしょう。このとき，もし貨幣があれば，もちろん，この生産者は自分の生産物を貨幣に替えるでしょう。貨幣は一般的交換手段であり，誰からも受け取りを拒まれることのない財でした。ところが，そのような財がない状況では，どのような財が交換手段として採用されるでしょうか。

　各人は各時点で自分の周囲の市場取引を見て，市場での需要が最も高い財

を交換手段として採用すると仮定しましょう。その結果，幾人かの市場参加者が特定の財を交換手段として用いれば，次の時点の市場取引では，この財の需要が現時点より多少とも増大するにちがいありません。すると，今度は，この財を交換手段として用いる市場参加者が増え，特定の財の需要が一層，高まっていくでしょう。この過程が繰り返されれば，やがて誰もが特定の財を交換手段として用いるようになり，特定の財は一般的交換手段になると予想されます。

　第一の見解は，たとえ当初，幾種類かの交換手段が採用されたとしても，度重なる市場取引を経て，それらの大多数が淘汰され，最後に，ある1種類の交換手段だけが生き残ると主張します。こうして，貨幣は市場経済の内部で人々の自由な市場取引を通じて生成されます。言い換えれば，貨幣の生成は政府などの公的機関の介入を必要としません。

　第一の見解によれば，結局，市場で最も受容される財が，言い換えれば，日常生活で最も必要とされる財，たとえば穀物が貨幣になるでしょう。確かに市場取引が未発達な社会では穀物が貨幣として使用されました。しかし，貨幣素材は市場経済の発達とともに，穀物など日常生活でよく使われる財から，金や銀のような日常生活では，めったに使用されない財へと移り変わっていきました。

　一方，第二の見解は市場経済の内部に一般的交換手段を生み出す契機を認めません。一般的交換手段は外部から市場経済に導入されます。すなわち，市場経済の外部に政府などの公的機関が想定され，市場取引に先立って公的機関によって貨幣が導入されます。この見解によれば，貨幣は制度的要因によって生じ，特定の物的対象は特定の貨幣制度の下ではじめて貨幣になります。

　第二の見解は，政府などの公的機関は特定の物的対象を貨幣と定め，強制通用力を持たせて市場で貨幣を流通させていると考えます。とはいえ，市場経済では各人は市場に何を供給し，市場で何を需要するかを自由に決定することができました。同様に各人は，どの財を交換手段にするかを自由に決定することができます。インフレーションが進み，通貨価値が下落すれば，人々は公的機関が定めた貨幣を受け取らなくなるかもしれません。

歴史上，各時代各地域には，異なる貨幣制度が創設されました。歴史上の貨幣制度は何よりも，何を貨幣とするかによって区別されます。日本をはじめ先進工業諸国では現在，紙幣や硬貨，銀行預金などが貨幣として流通していますが，常に貨幣が，このような姿をとっていたわけではありません。最も古くは貝殻や塩・布・穀物・毛皮・金属など日常生活で消費対象や生産手段となる財が貨幣として用いられたことは，よく知られています。このように他に本来の用途を持つ一般的交換手段を物品貨幣（commodity money）といいます。物品貨幣が使用される貨幣制度が物品貨幣制度です。

市場取引が盛んになるにつれて各種の物品貨幣の中でも金や銀の地位が高まり，非常に多くの交易圏で金あるいは銀が貨幣として採用されました。金貨幣や銀貨幣が広く市場で流通するようになると，やがて国家によって金貨や銀貨が製造されるようになります。

金貨や銀貨が製造される以前，貨幣として流通する金銀の重量はまちまちで，売買のたびに金銀の重量が測られていました。しかし，売買のたびに重量を測ることは煩わしいことでした。国家によって金貨や銀貨の重量と品位が保証されていれば，その必要はありません。

特に金本位制（gold standard）の下では政府が金の一定重量を貨幣1単位と定め，さらに誰に対しても金貨の自由鋳造を認めました。金は本位貨幣となり，原則的に金貨が国内で流通します。

19世紀には，イギリスをはじめ多くの先進工業諸国が金本位制を採用し，日本でも1897年に貨幣法が制定され，金本位制が確立しました。このとき，0.2匁（もんめ）（0.75g）の金の価格が1円と定められました。この貨幣制度の下では，たとえば，財 X の1単位が金0.75gと交換されるとき，財 X の1単位の価格は1円になります。

もっとも貨幣取引のたびに大量の金貨を持ち運ぶことは好都合とはいえません。市場取引が一層，拡大すると，金貨の代わりに兌換紙幣（だかん）が流通するようになりました。兌換紙幣は常に一定量の金貨との交換が保証され，金貨の代用品です。人々は，いつでも好きなときに兌換紙幣を金貨と交換することができました。

こうして19世紀以来，多くの先進工業諸国は金本位制を採用してきました

が，第一次世界大戦後，これらの国々は次々に金本位制から離脱しました。各国が金本位制から離脱した時点で，国内的には各国の金は本位貨幣ではありません。

もっとも，国際的には，第二次世界大戦後も金の一定量と米ドルとの交換が保証され，事実上の金本位制が維持されました。国際的にも金とドルの交換が停止するのは1971年です。アメリカ政府は1971年，金とドルの交換停止および輸入課徴金設定などからなる緊急経済政策を発表しました。この経済政策とその直後の国際金融の急変は後にドル・ショックと呼ばれますが，1971年のドル・ショックを経て，金本位制は国際的にも崩壊します。

金は今日もはや国内的にも国際的にも本位貨幣ではありません。また，兌換紙幣は，金との交換が保証されない不換紙幣（fiat money）になりました。先進各国は金本位制から，中央銀行が国内の通貨供給量を一定限度内で調整する管理通貨制度に移行しました。

管理通貨制度の下では2種類の貨幣が流通します。私たちは毎日の生活で財やサービスを購入し，紙幣や硬貨で購入代金を支払いますが，市中で流通する紙幣や硬貨を現金通貨あるいは単に現金（cash）といいます。消費者にとって現金通貨は非常に身近ですから，現金通貨が貨幣であることに異論はないでしょう。

もっとも現金通貨だけが貨幣ではありません。各種公共料金は各人の銀行預金口座から引き落とされ，公共サービスの購入代金を銀行預金で支払うことができます。また，多くの場合，毎月の給料は各人の銀行預金口座に振り込まれます。こうして労働者は労働力を供給して銀行預金を受け取り，銀行預金を支払って，公共サービスを需要します。このとき，銀行預金を，労働力と公共サービス等の交換を媒介する交換手段と見なすことは少しも不自然ではありません。しかも正常な状態では誰も銀行預金の受け取りを拒みません。

銀行預金もまた一般的交換手段として機能します。銀行預金を預金通貨あるいは預金（deposit）といいます。管理通貨制度では現金通貨と並んで預金通貨も貨幣です。

日本では日本銀行のマネー・ストック統計が，家計や企業などが保有する

表7-1 マネー・ストック平均残高

(単位 億円)

年	M2[1]	M3[2]	M1[2]	現金通貨[3]	預金通貨[4]	準通貨[5]	CD(譲渡性預金)
2014	8,745,965	11,871,908	5,865,566	825,714	5,039,852	5,647,638	358,705
2015	9,064,060	12,225,345	6,164,839	866,708	5,298,131	5,688,305	372,200
2016	9,368,699	12,573,398	6,598,042	916,934	5,681,109	5,647,534	327,822
2017	9,739,925	12,996,285	7,118,852	958,563	6,160,290	5,562,682	314,750

注1：現金通貨＋国内銀行等に預けられた預金，対象金融機関：日本銀行，国内銀行（ゆうちょ銀行を除く），外国銀行在日支店，信金中央金庫，信用金庫，農林中央金庫，商工組合中央金庫。
注2：対象金融機関（全預金取扱機関）：M2対象金融機関，ゆうちょ銀行，その他金融機関（全国信用協同組合連合会，信用組合，労働金庫連合会，労働金庫，信用農業協同組合連合会，農業協同組合，信用漁業協同組合連合会，漁業協同組合）。
注3：銀行券発行高＋貨幣流通高。
注4：要求払預金（当座，普通，貯蓄，通知，別段，納税準備）－調査対象金融機関の保有小切手・手形。
注5：定期預金＋据置貯金＋定期積金＋外貨預金。
出所：日本銀行「マネー・ストック」。

通貨量の残高，マネー・ストック（money stock，通貨供給量）を記録しています。表7-1に日本のマネー・ストック統計を示しました。表7-1におけるM1，M2，M3の各指標は，調査対象金融機関と通貨の種類によって区別されます。M1はすべての預金取扱金融機関を対象に現金通貨と預金通貨の合計を調査しています。さて定期預金などは解約すれば，比較的容易に現金通貨や預金通貨に替えることができるでしょう。M2とM3はどちらも，現金通貨と預金通貨に加えて定期預金などの準通貨と譲渡性預金の合計を調査しています。このうち，M3の調査対象はM1と変わりません。一方，M2の調査対象からは，ゆうちょ銀行をはじめ若干の預金取扱金融機関が除かれています。

これら3つの指標のうちM3が代表的な指標ですが，どの指標も現金通貨と預金通貨の合計を含みます。なお現金通貨は銀行券発行高と貨幣流通高[2]からなりますが，それらの金融機関保有分を含みません。また，すでに述べたように現金通貨は身近ですが，M1の内訳を見れば，現金通貨の6倍もの預金通貨が流通していることがわかるでしょう。高額の市場取引において預

金通貨は重要な役割を果たしています。

金本位制の下では誰に対しても金貨の自由鋳造が認められましたが,現代の通貨制度では誰もが自由に貨幣供給を行うことはできません。現金通貨に関しては中央銀行のみ,預金通貨に関しては預金取扱金融機関,普通の言い方をすれば銀行にのみ貨幣供給が認められます。

物品貨幣制度の下では種々の物品貨幣が,金本位制の下では金貨が,管理通貨制度の下では現金通貨と預金通貨が貨幣として使われました。どのような財が貨幣として使われるかは,言い換えれば,どの貨幣素材が貨幣になるかは,それぞれの社会の貨幣制度によって異なります。

したがって,第一に特定の貨幣素材が本来,貨幣であると考えるのは正しくありません。市場経済において特定の機能を果たす財が貨幣なのであり,貨幣は,その機能によって定義されます。改めて貨幣は,十分な数量があれば他のどんな財とも交換可能な財です。

第二に,各人は交換手段を選択することができますが,どの貨幣素材が実際に貨幣として使われるかは各人の私的営為だけでは決まりません。特定の貨幣素材は特定の貨幣制度の下で貨幣になります。貨幣の使用は少なくとも社会的承認を必要とします。

注:
(1) Coase, R. H., *The Firm, the Market, and the Law*, University of Chicago Press, 1988(宮沢健一,後藤晃,藤垣芳文訳『企業・市場・法』,東洋経済新報社,1992年).
(2) マネー・ストック統計における貨幣は硬貨を指します。

第8章
金融取引

　この章では企業の設備投資および投資資金の需要と供給，投資と貯蓄の関係について学びます。

8.1　投資

　特定の1時点において社会が利用できる原材料や生産設備，労働力には限りがあり，社会全体の生産量には上限があります。特に近代社会では機械設備が主要な生産手段であり，各企業は機械設備の生産能力の上限を超えて工業製品の生産量を引き上げることはできません。とはいえ，各企業は新しく機械設備を導入し，工場を建設して次期以降の生産能力を高めることができます。機械設備の増強を投資，より正確には新投資といいます。

　また，一般に工場内の生産設備は頑強であり，高い耐久性を持ちますが，それでも，長期間の操業による生産設備の生産効率の低下は避けられないでしょう。耐用年数が過ぎれば，機械設備を更新する必要があります。老朽化した機械設備の更新を更新投資といいます。

　企業の設備投資は更新投資と新投資からなります。それでは企業の設備投資は，どのようにして進められるのでしょうか。

　投資家や投資信託など投資という語は日常生活で，ごく普通に使われますが，実は投資は経済学，特にマクロ経済学の専門用語です。

　もっとも，日常生活で使われる投資の意味とマクロ経済学における投資の意味は異なっており，注意が必要です。生活に余裕が生まれれば，各家計は稼得所得の一部で国債や社債，株式などを購入するかもしれません。有価証券の購入により高い金融利得を上げることができれば，各家計の金融資産が増大します。日常生活で使われる投資は資産運用を表し，正確には金融投資を意味します。

　一方，マクロ経済学における投資に金融投資の意味はありません。マクロ

経済学で使われる投資は機械設備を新設あるいは更新して企業利潤を高めることであり，正確には設備投資です。設備投資の対象は生産設備であり，この点で金融資産と異なります。設備投資は場合によっては実物投資と呼ばれます。実は金融投資と設備投資は以下で説明するように，全く無関係ではありませんが，現時点では両者をはっきりと区別しておきましょう。

さて企業が，生産過程に投入される労働力や原材料を市場で調達していることは，すでに述べました。機械設備も例外ではありません。一般に，各種工業製品を生産する企業は，生産過程で使用される工作機械や製造装置を生産することはできません。企業は，機械製造業者が生産した工作機械や製造装置を生産財市場で購入します。

もちろん，貨幣経済では通常，事前に資金を準備することなしに，どんな財も取得できません。企業は，どのようにして機械設備の購入資金を準備するのでしょうか。最初に企業による投資資金の調達を考えましょう。

企業は，その内部で投資資金を準備することができます。企業は，生産活動の結果，獲得した貨幣利潤の一部を内部留保として確保します。企業は，この内部留保を支出して機械設備等を購入することができ，企業の投資資金の第一の源泉は内部留保です。

もっとも，企業の内部留保は過去の企業活動の成果であり，投資資金の源泉が内部留保だけであれば，企業の設備投資は結局，過去の企業活動の成果に制約されてしまうでしょう。実は企業の投資資金の源泉は内部留保だけではありません。企業は外部にも投資資金の源泉を持ち，それゆえ，企業の設備投資は過去の企業活動の成果に制約されません。

8.2 直接金融

企業は内部留保が十分でなくても金融取引を通じて外部から投資資金を調達することができます。金融取引には図8－1に示すように直接金融と間接金融がありますが，この節では直接金融について説明しましょう。

直接金融では企業は社債や株式などを発行して，家計や金融機関から直接，設備投資に必要な資金を取得します。直接金融の基本的な形態は社債発行と

図8－1　直接金融と間接金融

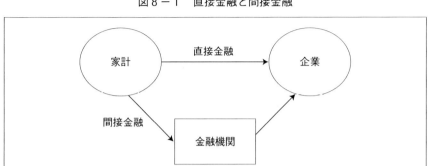

株式発行です[1]。実際上は，社債と株式の両方の性質を持つ有価証券も数多く発行され，転換社債[2]は，その代表ですが，この節では基本的な形態の説明にとどめましょう。

　資金の借入に際して借り手は通常，資金の返済方法と返済条件，特に返済期日と利子支払いを貸し手に約束します。さらに正式の借入であれば，借入金額と返済方法，返済条件が記された借用証書が作成され，借り手から貸し手に渡されます。返済期日が来れば，貸し手は借り手に借用証書を提示して貸付金の返済と利子支払いを求めるでしょう。企業から見れば社債は，投資資金の借入に際して企業が発行する借用証書です。

　こうして投資家が企業に投資資金を貸し付けると同時に，企業が新規に社債を発行しますが，この取引は形式上，社債の売買と見なすことができます。というのは，企業は社債を差し出して投資資金を得る一方，投資家は投資資金と引き換えに社債を入手しました。前者の行動は形式上，社債の販売と，後者の行動は社債の購入と変わりません。社債は社債市場で売買されます。

　投資家から見れば社債は貸付証書であり，社債発行時点で投資家に償還期日と利子支払いを約束します。償還期日と利子支払いが原則として確定していることが投資家にとって社債保有の利点です。

　それでは，投資家は償還期日以前に貸付金を回収できないのでしょうか。実はそうではありません。社債は普通の貸付証書と違い，発行市場と並んで流通市場が整備されています。投資家は，保有している社債を社債流通市場

で販売し，貸付金を回収することができます。

　さらに，もし購入時点より高い価格で社債を販売できれば，すでに社債を保有している投資家は，資本利得あるいはキャピタル・ゲイン（capital gain）と呼ばれる差益を稼ぐことができるでしょう。もちろん，社債の価格が常に上昇するとは限りません。購入時点より低い価格でしか社債を販売できなければ，投資家は，資本損失あるいはキャピタル・ロス（capital loss）を被ることになります。ともあれ，社債流通市場が整備されていれば，投資家は一定の価格変動リスクを負いながらも，社債の償還期日以前に貸付金を回収することができます。

　もっとも，このとき，投資家は，社債を発行した企業から貸付金を回収したのではありません。投資家Aが，保有していた社債を社債流通市場で投資家Bに販売したとき，投資家Aは投資家Bから貸付金を回収します。この市場取引によって発行企業と投資家Aの間の債権債務関係は発行企業と投資家Bとの債権債務関係に変わります。

　投資家Aが提供した投資資金は企業の手元に残ります。社債流通市場の整備により，投資家にとって償還期日以前に貸付金の回収が容易になる一方，企業にとって償還期日まで投資資金を保持することができます。社債発行企業は社債の償還期日まで投資資金の返済を迫られることはありません。

　先に進む前に債券市場について説明しておきましょう。社債や国債，地方債など各種の債券が取引される市場を債券市場といいます。

　企業は新規に社債を発行し，また政府も国債を発行します。加えて一部の投資家も，すでに保有している社債や国債を売却したいと思っているかもしれません。これらの企業・政府・投資家が債券市場に債券を供給するでしょう。一方，多くの投資家は，新規に発行された社債や国債，あるいは発行済みの社債や国債を買い求め，債券市場で債券を需要します。債券市場では企業・政府・投資家の間で債券が売買されます。

　財市場において財の需要と供給が均衡する点で財の価格が決定されることはすでに述べました。債券市場においても同様の市場メカニズムが働きます。債券の需要が債券の供給を上回っていれば債券価格が上昇し，逆に債券の供給が債券の需要を上回っていれば債券価格が低下するでしょう。債券価格は，

債券の需要と供給が均衡する点で決定されます。

　資金の貸借において資金の借り手は，契約時点で取り決めた資金の返済期日までに貸し手に借入金を返済し，利子を支払う必要があります。それでは，債券市場において債券価格と債券利子率の関係は，どうなっているのでしょうか。

　本質的な関係を明らかにするために以下の仮定を置きましょう。第一に債券の償還を無視し，第二に資本利得も資本損失も生じないものと仮定します。

　通常の債券では一定の償還額に一定のクーポン・レートをかけた値が利子であり，1年間の利子は債券の発行時点で確定します。このとき，債券市場で債券を市場価格で購入し，1年間，保有すれば，確定利子が得られ，債券利子率は次のように求められるでしょう。

$$（債券利子率）= \frac{（確定利子）}{（債券価格）}$$

通常の債券では1年間の利子は一定ですが，債券価格は，すでに見たように一定ではありません。債券価格が上昇すれば債券利子率が低下し，逆に債券価格が低下すれば債券利子率が上昇するでしょう。債券価格と債券利子率は通常，逆方向に動きます。

　企業の資金調達に戻りましょう。株式発行は社債発行と並ぶ直接金融の基本的な形態でした。

　有望なビジネスチャンスに気づきながらも事業資金が足りなければ，起業家は出資者を募り，出資者とともに新事業を立ち上げようとするでしょう。同様に，有望な投資機会に出会いながらも投資資金が不足すれば，企業は株式を発行し，投資資金を集め，設備投資を実施します。株式は出資証券であり，株主は理念上，企業経営に参加するとともに，出資比率に応じて，設備投資から得られる企業利潤の分配にあずかることができます。

　企業利潤の一部は配当金として株主に支払われます。債券発行時点で原則として1年間の債券利子が確定しているのに対し，株主が得る配当金は企業業績に左右され，確定していません。企業業績が伸びれば，一般に株主は，それだけ多くの配当金を得るでしょう。とはいえ，設備投資が常に期待通りの成果を上げるとは限りません。企業経営に損失が発生すれば，株主は，そ

の責任を負うことになります。配当金は減額され，場合によっては配当金が全く支払われないこともあります。ただし，たとえ配当金が支払われなくても，企業が正の利潤を上げる限り企業利潤は株主全体に帰属します。

　さらに企業の経営不振が続けば，企業経営が破綻するかもしれません。その場合，株主は出資金を失うことになります。このように株主は出資者として，株主総会において議決権を行使し，取締役を選任し，企業経営に参加できますが，その一方で経営に対する責任を負います。

　加えて債券と異なり，株式に償還期日はありません。ですから，企業は株主に出資金を返済する必要はありません。それでは株主は，どのようにして出資金を回収すればよいのでしょうか。

　企業は株式を発行して資本金を集め，投資家は資金を提供して株式を取得するでしょう。この取引は，債券発行に関して説明したのと同様，株式の売買と見なすことができます。株式は株式発行市場で売買されます。

　債券と同様，株式についても流通市場が発達しており，株主は株式流通市場で株式を販売し，出資金を回収できます。さらに，このとき，株式価格が購入価格より高ければ，資本利得が得られ，逆に株式価格が購入価格より低ければ，資本損失が発生するでしょう。

　いずれにしても，投資家が発行済みの株式を売却すれば，投資家は出資金を回収し，株式の所有者が変わります。その一方で，債券流通の場合と同様，企業は資本金を返済する必要はありません。株主が出資した資金は企業内に残ります。

　企業は新規に株式を発行し，また株主は，保有している株式を売却したいと考えているかもしれません。このような企業や株主は株式市場に株式を供給します。一方，一部の投資家は株式の購入を希望し，株式市場で株式を需要します。株式市場では株式が売買され，価格決定に関して市場メカニズムが働きます。株式の需要が供給を上回れば株式価格が上昇し，逆に株式の供給が需要を上回れば株式価格が低下するでしょう。株式価格は，株式の需要と供給が均衡する点で決定されます。

　前節では家計の資産運用に触れました。余剰資金を持てば，家計は国債や社債・株式を購入して資産運用を試みるでしょう。国債や社債・株式などの

金融資産を持つ家計を個人投資家といいます。個人投資家は債券市場で債券を，株式市場で株式を売買しますが，個人投資家と並んで投資信託や生命保険会社，損害保険会社，年金基金などの企業や団体も債券市場や株式市場に参加します。これらの市場参加者を個人投資家に対して機関投資家といいます。広い意味では銀行などの金融機関も機関投資家に含まれます。

8.3 間接金融

前節では直接金融を取り扱いました。この節では直接金融に続いて間接金融を取り上げましょう。間接金融では企業は金融機関からの借入を通じて間接的に，設備投資に必要な資金を取得します。

最初に金融機関の分類をしておきましょう。表8－1のように日本の金融機関は中央銀行，民間金融機関および公的金融機関の3つに分類されます。

第一に中央銀行は中央銀行券を発行し，金融政策を運営している金融機関です。日本では日本銀行が中央銀行であり，アメリカでは連邦準備制度理事会（FRB）が，ユーロ圏ではヨーロッパ中央銀行（ECB）が，それぞれ中

表8－1　日本の金融機関

中央銀行			日本銀行
民間金融機関	預金取扱金融機関	普通銀行	都市銀行，地方銀行など
		長期金融機関	信託銀行
		中小企業金融機関	信用金庫，信用組合，労働金庫など
		農林水産金融機関	農林中央金庫，農業協同組合，漁業協同組合など
	その他の金融機関	保険会社	生命保険会社，損害保険会社など
		証券関連	証券会社，投資信託委託会社など
		消費者信用	住宅金融会社，消費者信用会社
		事業者信用	事業者信用会社，リース会社
		その他	短資会社など
公的金融機関			日本政策金融公庫，国際協力銀行，日本政策投資銀行など

出所：日本銀行金融研究所『わが国の金融制度』新版。

央銀行です。日本では日本銀行のみが日本銀行券を発行しており，日本銀行以外の金融機関が日本銀行券を発行することは認められていません。各国の中央銀行は，その国の発券銀行であり，この点が中央銀行の最大の特徴です。

日本銀行は法的には認可法人であり，政府機関ではありません。にもかかわらず，日本銀行は実際上，強い公的性格を持っています。たとえば，日本銀行の総裁は，国会の合意を得て政府によって任命されます。

第二に民間金融機関は預金取扱金融機関とそれ以外の金融機関に分けられます。都市銀行や地方銀行をはじめ預金取扱金融機関は預金設定を行い，家計や企業に対して預金通貨を供給することができます。多くの経済学の教科書における銀行とは，この預金取扱金融機関と考えてよいでしょう。それに対し，生命保険会社や損害保険会社，証券会社，消費者信用会社などは銀行と異なり，預金設定を行うことができません。

第三に公的金融機関は中小零細企業や個人の資金調達支援や国際競争力の確保を目的に設立された政府関係金融機関で，日本政策投資銀行や日本政策金融公庫などが含まれます。

金融機関は家計から余剰資金を調達し，企業に投資資金を融資しています。間接金融では家計の余剰資金は金融機関を媒介にして企業に供給され，金融機関は金融仲介機能を果たします。

もっとも，銀行は他の金融機関と異なり，預金取扱金融機関でした。また前の章では管理通貨制度の下で各銀行の銀行預金が決済機能を持ち，預金通貨と呼ばれる貨幣であることを説明しました。最後に投資資金の供給における銀行の役割に触れましょう。

銀行は企業向け融資においても預金設定を行い，投資資金が必要な企業に預金通貨を供給します。企業は投資資金を得て，機械設備などを購入するでしょう。銀行は，預金設定を通じて企業に設備投資に必要な資金を供給しています。

実は銀行は，一定の限度で対価を支払うことなしに預金通貨を供給することができ，銀行による預金通貨の供給は信用創造と呼ばれます。

各銀行は中央銀行の当座預金口座に中央銀行預け金を保有し，この中央銀行預け金を準備といいます。準備預金制度の下で預金 D に対する準備 R の

比率すなわち準備率は，法的に定められた法定準備率 r 以上であることが要請されます。

$$\frac{R}{D} \geq r$$

準備 R が一定であるとき，預金 D が増加を続ければ，準備率が低下していくでしょう。したがって，準備 R と法定準備率 r が一定であるとき，各銀行が供給できる預金量 D には上限があり，銀行の預金量は，この上限を超えることはできません。しかし，その上限まで各銀行は対価を支払うことなしに預金通貨を供給し，信用創造を行うことができます。

準備 R と現金 C の合計はマネタリー・ベースまたはハイパワード・マネー H と呼ばれます。

$$H = C + R$$

パイパワード・マネーを供給しているのは中央銀行だけであり，各銀行はマクロ経済全体のハイパワード・マネーを動かすことはできません。それでも各銀行は，各銀行が保有する準備を増やすことができます。

より多くの中央銀行券が各銀行に預け入れられ，市中で流通する現金 C が減れば，それだけ準備 R が増えるでしょう。さらに，法定準備率 r が一定の下で，準備 R が増大すれば，銀行全体が供給できる預金量の上限も引き上げられるでしょう。

銀行は銀行融資によって企業の資金需要に応えますが，銀行自身が利潤を追求する以上，利子率が低く十分な利子収入が見込まれなければ，企業に資金貸付を行うことはありません。一方，企業は十分な投資収益が期待できれば，高い利子率を支払ってでも銀行から投資資金を借り入れようとするでしょう。銀行貸出の需要と供給は貸出利子率に依存しますが，銀行の貸出利子率は，どのように決定されるのでしょうか。

銀行貸出市場において銀行貸出の需要が供給を上回れば貸出利子率が上昇し，銀行貸出の供給が需要を上回れば貸出利子率が低下するでしょう。貸出利子率は銀行貸出の需要と供給が等しくなる点で決定されます。

8.4 貯蓄

これまで企業による投資資金の調達について説明してきましたが，直接金融または間接金融によって，ともかくも企業が設備投資に必要な資金を確保したと仮定しましょう。それでも，なお企業の投資計画は完結していません。企業は，その後，その資金で機械設備を購入する必要があります。新しい機械設備は，どのようにして供給されるのでしょうか。

毎年の穀物収穫量から補填需要分を控除した残余に関して，小農経営は前年の生産規模を維持しつつ，その処分を自由に決定することができました。

小農経営は穀物の純生産物の一部を消費し，翌年に播く種子として残りを貯蔵するかもしれません。穀物の純生産物のうち，今年，消費されなかった部分は貯蓄と呼ばれます。一方，耕地に播かれる種子が増えれば，翌年の穀物収穫量が増加するでしょう。補填需要分を上回る種子の追加投入は，生産能力を高めるという意味で穀物生産への投資と見なされます。

小農経営における貯蓄と投資の関係を考えましょう。小農経営が純生産物の一部を貯蔵したのは種子を追加投入し，翌年の穀物収穫量を増やすためでした。したがって，一般に小農経営において貯蓄は直ちに投資を意味します。特に追加投入される原材料は毎年の貯蓄の中に現物で見出されます。

近代社会が工業社会であることは，すでに何度か強調しました。それでは工業社会において追加投入される生産設備は，どこに見出されるのでしょうか。

ここで議論を簡単にするために社会全体での純生産物を一定と仮定しましょう。特に，すべての労働者が雇用され，かつ原材料が完全に利用されていると仮定します。したがって，現時点では社会全体で純生産物の生産を現行水準より引き上げることはできません。さらに社会全体の貨幣量を差し当たり一定と仮定しましょう。

実は工業社会においても，追加投入される生産設備は，以下で示すように社会全体での貯蓄の中から生み出されます。家計が所与の貨幣所得の中から債券や株式などを購入するとき，家計の消費支出額は債券や株式の購入額だけ縮小するでしょう。消費支出額が縮小すれば，消費需要が減少し，既存の

生産設備の一部が休止するでしょう。その結果，マクロ経済全体で供給余力が生じ，社会は新たな財の需要に応じることができるようになります。この供給余力が工業社会における実物貯蓄と見なされます。

直接金融において投資家は貨幣所得の一部を貯蓄し，貨幣所得の貯蓄額に対応して実物貯蓄が形成されます。正確には投資家が消費を抑えれば，その分，社会的生産の一部が消費財生産から引き上げられるでしょう。その上で，投資計画を持つ企業が十分な投資資金を持てば，実物貯蓄を活用して新しい機械や生産設備が生産されて設備投資が実現するにちがいありません。

とはいえ，消費者は食料品や衣料品，日用品などの消費財を購入し，企業は設備投資に際して機械や生産設備などの生産財を需要し，しかも消費財と生産財は，異なった企業によって供給されます。消費財生産から生産財生産への転換は，どのようにして行われるのでしょうか。

この転換を簡単な2部門モデルによって説明しましょう。2部門モデルでは社会的生産は生産財生産部門と消費財生産部門から構成されました。

すでに述べたように，家計が貨幣収入の一部を貯蓄すれば，その分だけ現時点での消費が減少します。

消費財生産企業は消費需要の減少を見て生産の縮小を決意するでしょう。実際に各企業で消費財生産が縮小すれば，引き続いて消費財生産部門で労働需要と原材料需要が減退します。

一方，直接金融を通じて投資資金を得た企業は新たに生産財を発注するでしょう。生産財生産企業は投資需要の高まりに直面して生産の拡大に踏み切るにちがいありません。当然のことながら，生産拡大は労働力と原材料の追加購入を必要とし，生産財生産部門で労働需要と原材料需要が増加します。

それでは社会は生産財生産部門での需要増加に十分に対応できるでしょうか。生産財生産部門で需要の増加が見られる一方で，消費財生産部門では需要の減少が生じていました。この節では労働の完全雇用と原材料の完全利用を仮定していましたから，生産財生産部門の需要増加と消費財部門の需要減少が釣り合います。以前は消費財生産部門に投入された労働力と原材料は，いまや生産財生産部門に投入され，生産財が増産されるでしょう。こうして，投資計画を持つ企業は，必要な生産財を得て設備投資を実行することができ

ます。

8.5　金融市場の役割

　労働力の完全雇用と原材料の完全利用の下で，企業の設備投資は労働力と原材料の再配分とともに投資資金の獲得を必要とします。改めて両者は，どのような関係にあるのでしょうか。

　家計の消費が抑制されれば，消費財生産部門で生産が縮小し，生産財生産部門に追加投入される労働力と原材料が用意されるでしょう。とはいえ，貨幣経済では，この実物貯蓄の形成は必ずしも生産設備の増加を意味しません。繰り返しになりますが，貨幣経済では一般に，貨幣を支出することなしに財を取得することはできません。

　直接金融では家計は，企業が発行する社債や株式を購入し，直接に余剰資金を企業に供給しました。直接金融によって家計から企業への資金移動が起こり，企業は投資資金を獲得しますが，企業が投資資金を支出してはじめて生産財が増産されるでしょう。こうして消費財部門から生産財部門へ労働力と原材料が移動します。

　実物貯蓄の形成と投資資金の獲得は貨幣経済における設備投資の必要条件です。このうち，金融取引は企業の資金調達を支える役割を果たします。実際，家計が余剰資金を持つ一方，企業が投資資金を必要とするとき，金融取引が両者を結びつけました。

　これまで私たちは社会全体の貨幣量が変わらないと仮定してきました。確かに直接金融において家計が提供する余剰資金と企業が獲得する投資資金は同額であり，社会全体で貨幣量は変わりません。それに対して間接金融では社会全体の貨幣量は必ずしも一定ではありません。銀行は，信用創造によって一定の限度内で預金通貨を増やすことができます。

　それでは，他の条件を一定として銀行が新たに預金通貨を供給し，社会全体で貨幣量が増大するとき，マクロ経済に何が起こるでしょうか。

　私たちは，貨幣量不変の仮定に加えて労働力の完全雇用と原材料の完全利用の仮定を置いていましたが，引き続き，この仮定を保持しましょう。労働

力が完全雇用され，原材料が完全利用されているとき，マクロ経済全体で財の生産量を現行水準以上に高めることはできません。その一方で，貨幣供給の増大により各種の財に対する貨幣支出が増えれば，各財の価格が騰貴し，一般物価水準が上昇するでしょう。

　生産財全般の価格上昇に直面して，企業は，当初の設備投資計画で予定していた機械や生産設備の一部を購入できないかもしれません。それでも，企業が銀行からの融資を受けて新投資を断行し，新しい機械や生産設備を購入すれば，労働力の完全雇用と原材料の完全利用の下で，消費財生産が縮小するでしょう。消費財生産が縮小した結果，消費財価格が上昇するとともに，たとえ消費支出額が以前と変わらなくても家計の消費量は減少します。いうまでもなく，消費されなかった家計の所得は貯蓄されますが，消費量の減少に対応した貯蓄は家計の意図に反した貯蓄であり，その意味で強制貯蓄 (forced savings) と呼ばれます。間接金融は，場合によっては家計に強制貯蓄を課します。

　貨幣経済において種々の消費財や生産設備の購入には貨幣が必要とされ，消費財や生産設備だけでなく何よりも貨幣が貸借の対象になります。金融取引は貨幣の貸借であり，金融取引によって資金は一時的に貸し手から借り手に移されます。

　もっとも，金融取引によって引き起こされるのは資金移動ばかりではありません。金融取引の結果，貸し手から借り手に資金が移動すれば，ほどなくマクロ経済全体の資源配分が変更されるでしょう。特に家計から企業へ余剰資金が移動すれば，一般に消費財生産が縮小し，代わって生産財生産が拡大するでしょう。

注：
(1)　直接金融と間接金融については別の区別もあります。もう1つの区別では，直接金融とは，最終的な貸し手が最終的な借り手に直接，資金貸付を行う金融取引です。一方，間接金融とは，金融機関が最終的な貸し手から最終的な借り手への資金貸借を仲介する金融取引です。もっとも，この区別は少し専門的であり，通常，本文で説明した区別が用いられます。

(2) 転換社債には一定の条件の下で社債発行企業の株式に転換する権利が付与されます。

第 II 部

経済変動

第9章
価格変動

この章では，最も日常的な経済変動である価格変動について学びます。財市場における価格変動を分析した上で，現代の経済において価格変動がどのような役割を果たしているのかを明らかにします。

9.1 部分均衡分析

第Ⅰ部では現代の経済の基本構造を説明しました。第1章では，現代の経済を形成している種々の要因のうち，比較的長期にわたって不変な少数の形成要因を経済構造と呼びました。経済構造は人々の日常的な経済活動の前提条件であり，人々は経済構造が基本的に変わらないと前提して生産や消費に関する意思決定を行い，経済活動に取り組みます。人々の経済活動は互いに影響を及ぼし，各種の経済変動を生みだすでしょう。第Ⅱ部では現代の経済における経済変動を取り上げましょう。

第1章では，前近代社会と比較したとき，近代社会の経済には2つの特徴があると述べました。第一に工業生産の優位，第二に市場取引の普及です。さらに第6章では市場メカニズムに触れました。工業製品の市場取引では市場メカニズムが働き，価格変動を通じて工業製品の需給調整が進むでしょう。価格変動は，近代社会における日常的な経済変動であり，第Ⅱ部の最初に，価格変動を詳しく分析し，その役割を説明しましょう。

家計や企業など各経済主体が各々の利得に従って行動するとき，一般に財やサービスの需要と供給が一致しないことは，すでに述べました。財やサービスの需要と供給が一致しないとき，財やサービスの価格は不変ではありません。たとえば，天候不順が続いて野菜の出荷量が減少すれば，野菜の価格が上昇するでしょう。不況の中で日用品の売れ行きが悪くなれば，小売店で日用品の値引きが始まるかもしれません。また，メディアは，原油をはじめとする天然資源や穀物などの農産物の価格変動を日常的に報道しています。

財やサービスの価格が変動すれば，今度は需要量も供給量も以前と同じではありません。一般に財やサービスの市場で需要と供給の間の調整が進むでしょう。それでは，価格変動の下で財やサービスの需給調整は具体的に，どのように進むのでしょうか。

市場経済では日々，非常に広範な財やサービスが売買されていますが，さしあたり，その中の1つに注目しましょう。すなわち，携帯電話や自動車など，どれか1つの財の市場取引を取り上げることにします。他の市場の状況を所与とし，少数の特定の市場の均衡条件を論じる分析方法を部分均衡分析（partial equilibrium analysis）といいますが，この章では主に部分均衡分析を説明します。部分均衡分析では少数の特定の市場が他の市場から切り離され，他の市場の変化は，その特定の市場に及びません。

9.2 財市場

消費者は，たとえば小売店の店頭で種々の食料品の価格を見て，どの食料品をどれだけ買うのかを決めるでしょう。とりあえず種々の財のうちのどれか1つの財に集中することにしましょう。その特定の財の価格は，どのようにして決定されるのでしょうか。

部分均衡分析では少数の特定の市場に分析を集中して，他の市場の状況は一定と仮定されます。たとえば，リンゴの市場が取り上げられるとき，リンゴ以外の財の状況は一定であり，特にリンゴ以外のすべての財の価格は変化しません。このとき，消費者は，もっぱらリンゴの価格を見てリンゴの購入量を決めます。実際，リンゴの価格が上がれば，消費者は通常，リンゴの購入量を減らし，リンゴの価格が下がれば，消費者はリンゴの購入量を増やすでしょう。

この消費者の購買行動を定式化しましょう。個々の消費者によるリンゴの需要量を集計すれば，市場全体でのリンゴの需要量が得られるでしょう。一般にリンゴの市場においてリンゴの需要量はリンゴの価格に依存し，しかもリンゴの需要量はリンゴの価格と逆方向に動きます。

リンゴの価格が与えられれば，リンゴの購入量はただ1つ決まります。で

すから，数学的に言えばリンゴの需要量 q はリンゴの価格 p の関数

$$q = D(p)$$

であり，この関数 $D(p)$ をリンゴの需要関数といいます。リンゴの価格が上昇すれば，リンゴの需要量は減少しますから，リンゴの需要関数は通常，リンゴの価格の減少関数です。

図9-1に横軸にリンゴの数量 q を，縦軸にリンゴの価格 p をとって，この関数のグラフを描きました。需要関数のグラフを需要曲線といいます。リンゴの需要関数はリンゴの価格の減少関数ですから，リンゴの需要曲線は右下がりです。

なお，需要関数のグラフに関しては若干の注意が必要です。最初に横軸に需要関数の従属変数が，縦軸に需要関数の独立変数がとられていることに注意しましょう。財の価格は需要関数の独立変数であり，財の需要量は需要関数の従属変数ですが，経済学では伝統的に横軸に財の需要量を，縦軸に財の価格をとって需要関数のグラフが描かれました。

第二に，図9-1では，たまたま需要曲線は直線で描かれていますが，需要曲線が直線である必要はありません。特定の需要関数に対応して需要曲線は，さまざまな形状をとるでしょう。多くの場合，需要曲線については右下がりである点が重要です。

一方，生産者も，やはりリンゴの価格を見てリンゴの販売量を決めます。もっとも，今度はリンゴの価格が上がれば，生産者はリンゴの販売量を増やし，リンゴの価格が下がれば，生産者はリンゴの販売量を減らすでしょう。

個々の生産者によるリンゴの供給量を集計すれば，市場全体でのリンゴの供給量が得られるでしょう。一般にリンゴの市場におけるリンゴの供給量はリンゴの価格に依存し，リンゴの供給量はリンゴの価格と同方向に動きます。

リンゴの供給量 q もまたリンゴの価格 p の関数

$$q = S(p)$$

であり，この関数 $S(p)$ をリンゴの供給関数といいます。リンゴの供給関数は通常，リンゴの価格の増加関数です。

図9－1　需要曲線と供給曲線

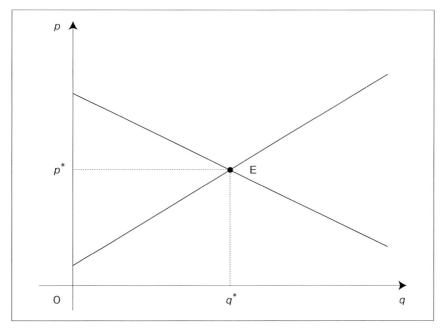

　図9－1にはリンゴの供給関数のグラフも描かれました。供給関数のグラフを供給曲線といいます。リンゴの供給関数はリンゴの価格の増加関数であり，リンゴの供給曲線は右上がりです。

　需要曲線と供給曲線の交点Eに注意を向けましょう。交点Eに対応する価格 p^* の下で消費者は市場で数量 q^* のリンゴを需要し，一方，生産者は同じく数量 q^* のリンゴを供給しようとするでしょう。価格 p^* の下でリンゴの需要量と供給量は等しくなり，リンゴの市場で均衡（equilibrium）が成立します。

$$D(p) = S(p)$$

リンゴの需要と供給が一致すれば，消費者は欲しいだけのリンゴを手に入れることができ，生産者は売りたいだけのリンゴを販売できるでしょう。市場均衡点においてリンゴの市場取引が行われるでしょう。市場均衡点Eに対

応するリンゴの価格 p^*, リンゴの取引量 q^* をそれぞれ均衡価格, 均衡取引量といいます。均衡状態に至れば, もはや誰も現状の変更を望みません。

リンゴの市場ではリンゴの生産者と消費者が出会い, 市場取引を行いますが, リンゴの供給関数はリンゴの生産者の意思決定を集約し, 一方, リンゴの需要関数はリンゴの消費者の意思決定を集約しています。生産者と消費者の意思決定を分離することによって, それぞれの利害がリンゴの均衡価格の決定に, どのような影響を及ぼしているかが明確になるでしょう。

ここまで私たちは, リンゴの市場を例にとって均衡価格と均衡取引量の決定を論じてきましたが, 部分均衡分析の対象はリンゴの市場に限りません。最後に, この節の結論を, 財市場一般を対象にして言い換えておきましょう。

第一に財の需要量 q は財の価格 p の関数であり, この関数を需要関数といいます。需要関数 $D(p)$ は通常, 財の価格 p の減少関数です。

第二に財の供給量 q は財の価格 p の関数であり, この関数を供給関数といいます。供給関数 $S(p)$ は通常, 財の価格 p の増加関数です。

第三に, ある価格 p^* の下で財の需要量と供給量が一致すれば, 市場取引が行われるでしょう。市場均衡点に対応する価格 p^*, 取引量 q^* をそれぞれ均衡価格, 均衡取引量といいます。

9.3 市場メカニズムの働き

市場では生産者と消費者が出会い, 所与の市場価格の下で生産者は財の供給量を, 消費者は財の需要量を決定します。このとき, 幸運にも所与の市場価格の下で財の需要量と供給量が一致すれば, 価格は, もはや変動しません。均衡価格の下で生産者と消費者の市場取引が成立するでしょう。もっとも, 市場で均衡価格が提示される保証はありません。均衡価格と異なる価格が示されたとき, 市場は, どう反応するでしょうか。

最初に価格が均衡価格より高い場合を考えましょう。リンゴの価格 p_1 が均衡価格 p^* より高ければ, 図9−2からわかるようにリンゴの供給量はリンゴの需要量を超過し, 超過供給 (excess supply) が発生します。実際, 価格 p_1 の下でのリンゴの供給量 S_1 は, 同じ価格 p_1 の下でのリンゴの需要

図9-2 価格変動

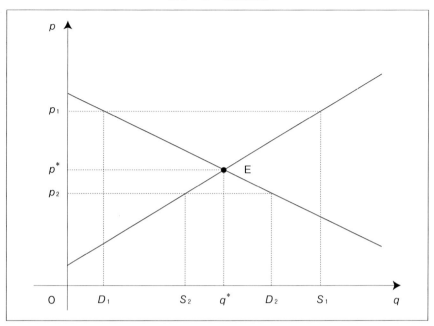

量 D_1 より大きくなります。もちろん，市場では価格が不変である限り，リンゴの一部 $S_1 - D_1$ が売れ残りますから，リンゴの超過供給は生産者にとって望ましくありません。

　それでは超過供給が発生したとき，リンゴの市場では引き続いて何が起こるでしょうか。伝統的な経済理論は，市場での超過供給に直面して市場メカニズムが働くと想定します。市場メカニズムについては，すでに第6章で触れました。市場メカニズムとは，財の超過需要があれば，財の価格が上昇し，財の超過供給があれば，財の価格が低下する仕組みでした。この場合，超過供給が発生していますから，市場メカニズムにより，リンゴの価格が低下するでしょう。

　図9-2においてリンゴの価格が当初の水準 p_1 より，わずかに低下すれば，リンゴの供給量は少しだけ減少し，一方，リンゴの需要量は少しだけ増加するでしょう。リンゴの価格低下により，リンゴの超過供給は多少とも緩

和されます。とはいえ、わずかな価格低下であれば、なおリンゴの超過供給は解消されません。再度、市場メカニズムが働き、価格低下が起こります。

リンゴの超過供給が残る限り、価格低下が繰り返されるとしたら、リンゴの価格は最終的に均衡価格に落ち着き、リンゴの超過供給が解消されるでしょう。

当初、価格が均衡水準より高くても、市場メカニズムが働けば、価格は引き下げられます。さらに、価格が十分に伸縮的であれば、価格は、やがて均衡価格に達し、市場均衡が達成されるにちがいありません。

次に価格が均衡価格より低い場合を考えましょう。リンゴの価格 p_2 が均衡価格 p^* より低ければ、図9-2からわかるようにリンゴの需要量はリンゴの供給量を超過し、超過需要（excess demand）が発生します。実際、価格 p_2 の下でのリンゴの需要量 D_2 は、同じ価格 p_2 の下でのリンゴの供給量 S_2 より大きくなります。このとき、市場で一部の需要 $D_2 - S_2$ が満たされませんから、リンゴの超過需要は消費者にとって好ましくありません。

それでは超過需要が発生したとき、リンゴの市場では続いて、どのような変化が起こるでしょうか。やはり市場メカニズムが働くと想定しましょう。今回は市場で超過需要が発生していますから、市場メカニズムの働きによってリンゴの価格が上昇するでしょう。

図9-2においてリンゴの価格が、わずかに上昇すれば、リンゴの需要量は少しだけ減少し、一方、リンゴの供給量は少しだけ増加するでしょう。リンゴの価格上昇により、リンゴの超過需要は多少とも緩和されます。とはいえ、わずかな価格上昇であれば、なおリンゴの超過需要は解消されません。再度、市場メカニズムが働き、価格上昇が起こります。

リンゴの超過需要が見られる限り、価格上昇が繰り返され、リンゴの価格は最終的に均衡価格にまで引き上げられ、リンゴの超過需要が消滅するでしょう。

当初、価格が均衡水準より低くても、市場メカニズムが働けば、価格は引き上げられます。さらに、価格が十分に伸縮的であれば、価格は遅かれ早かれ均衡価格に達し、市場均衡が達成されるでしょう。

たとえ当初、価格が均衡水準から離れていても、市場メカニズムが働けば、

市場価格の変動が引き起こされます。図9−2の場合には十分な価格変動により超過供給や超過需要が解消されて市場均衡が回復しました。

　十分な価格変動により超過供給や超過需要が解消されて市場均衡が回復するとき、市場は安定的であると言われます。市場が安定的であるかどうかは市場理論の中心的な課題ですが、部分均衡分析の範囲では、これまで見てきたように個々の市場は、特異な状況を除いて安定的です。

9.4　市場間の相互作用

　ここまで私たちは、他の市場の状況を所与として特定の市場、たとえばリンゴの市場の分析を進めてきました。ところが、リンゴの市場は、食生活においてリンゴの代替品となる他の財、たとえばバナナの市場と無関係ではありません。バナナの価格の上昇は、リンゴの市場にどのような影響を及ぼすのでしょうか。この節では、他の市場の状況などの与件の変化が特定の市場にどのような影響をもたらすかを検討しましょう。

　他の市場の状況が不変であるとき、リンゴの需要量 D は、もっぱらリンゴの価格 p_a の関数と見なすことができました。しかし、与件が変化するとき、この想定は、もはや適切ではありません。バナナとリンゴが代替関係にあるとき、リンゴの需要量 D は、リンゴの価格 p_a だけでなくバナナの価格 p_b の変化からも影響を受けるかもしれません。

　改めて、他の条件を不変としてリンゴの価格 p_a が上昇すれば、リンゴの需要量 D は減少しますから、リンゴの需要量 D はリンゴの価格 p_a の減少関数でした。それでは、他の条件を不変としてバナナの価格 p_b が上昇すれば、リンゴの需要量 D は、どのように変化するでしょうか。

　当面の間、リンゴの価格 p_a は変わらないと考えてよいでしょう。しかし、リンゴの需要量は、そうではありません。

　バナナの価格 p_b が上昇すれば、バナナの需要量が縮小する一方で、バナナの代替品であるリンゴの需要量が拡大します。バナナの価格が高騰すれば、それまでバナナを好んで購入してきた消費者も、限られた予算額の中で仕方なくバナナの購入の一部をあきらめて、その代わりにリンゴの購入を増やす

でしょう。リンゴの価格 p_a が一定であるとき，リンゴの需要量 D はバナナの価格 p_b の増加関数になります。

　図9－3に再度，リンゴの需要曲線と供給曲線を描きました。前節ではリンゴの均衡価格と均衡取引量は需要曲線と供給曲線の交点Eで決定されましたが，バナナの価格 p_b が上昇したとき，この市場の均衡点は，どこに移るでしょうか。

　リンゴの価格 p_a を一定とした上で，バナナの価格 p_b が上がれば，リンゴの需要量 D が増大することは，すでに確認しました。この変化は，リンゴの異なる価格についても変わりません。リンゴの各価格についてバナナの価格 p_b が上昇すれば，リンゴの需要量 q が増大し，リンゴの需要曲線全体が右方向に移動します。このように需要曲線全体が右方向または左方向に移動することを，需要曲線のシフトといいます。

　一方，議論を単純にするためにバナナの価格 p_b の上昇は，リンゴの供給量に影響を及ぼさないと想定しましょう。リンゴの供給曲線の位置は以前と変わりません。リンゴの供給曲線の位置が変わらないまま，リンゴの需要曲線だけが右方向にシフトしますから，リンゴの市場の均衡点は点Eから点E′に移るでしょう。

　バナナの価格上昇が起きたとき，しばらくの間，リンゴの価格 p_a が以前の均衡水準 p_a^* のままだったと仮定しましょう。この時点でリンゴの供給量 q_a^* は以前と変わりませんが，リンゴの需要量は q_a^* から $\overline{q}_a$ に増加し，リンゴの市場で超過需要 $\overline{q}_a - q_a^*$ が発生します。図9－3において点F($\overline{q}_a, p_a^*$)がリンゴの価格 p_a^* と需要量 $\overline{q}_a$ の組を表します。すると，市場メカニズムが働いて，リンゴの価格 p_a の上昇が引き起こされ，リンゴの価格 p_a はやがて新しい均衡水準 p_a' に到達するでしょう。実際，価格 p_a' の下でリンゴの需要量と供給量は等しく，数量 q_a' のリンゴが売買されます。新しい均衡点はE′(q_a', p_a')になります。

　こうしてリンゴの市場で均衡価格が上昇すれば，その影響は同様の経路を経てバナナの市場に及ぶでしょう。リンゴの価格上昇を受けて，今度はバナナの市場でバナナの価格が変動します。

　代替関係にある2つの財の市場は相互依存関係にあり，2つの財の均衡価

図9-3 需要曲線のシフト

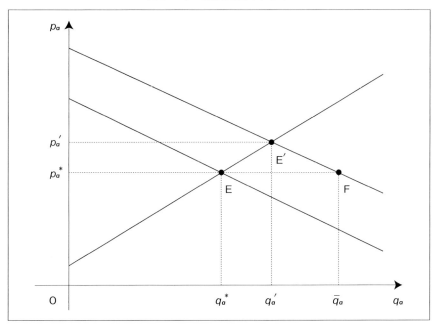

格は2つの財の市場で財の需要量と供給量が同時に均衡する点に落ち着きます。この節の例ではリンゴとバナナは代替関係にあり，リンゴの市場とバナナの市場は相互依存関係にありました。したがって，リンゴとバナナの均衡価格はリンゴの市場でリンゴの需要量と供給量が均衡し，かつ，バナナの市場でバナナの需要量と供給量が均衡する点で決定されます。

再度，リンゴの市場の新しい均衡点 E' に戻りましょう。これまでの説明から，実は新しいリンゴの均衡価格 p_a' と均衡取引量 q_a' は，リンゴの市場の状況だけでなくバナナの市場の状況，特にバナナの価格 p_b にも依存することがわかります。リンゴの均衡取引量 q_a' はリンゴの均衡価格 p_a' だけでなくバナナの均衡価格 p_b' にも依存します。

少し進んだ学習内容によれば，リンゴの需要量 q は正確には，バナナの価格 p_b に対するリンゴの価格 p_a の比率 p_a/p_b の減少関数であることが知られています。

$$q = D\left(\frac{p_a}{p_b}\right)$$

リンゴの価格 p_a が上昇するか,あるいはバナナの価格 p_b が低下すれば,リンゴの需要量 q が減少するでしょう。同様にしてリンゴの供給量 q は,バナナの価格 p_b に対するリンゴの価格 p_a の比率 p_a/p_b の増加関数です。

$$q = S\left(\frac{p_a}{p_b}\right)$$

したがって,リンゴの市場の均衡点ではリンゴの需要量と供給量は等しく,

$$S\left(\frac{p_a'}{p_b'}\right) = D\left(\frac{p_a'}{p_b'}\right)$$

が成り立つでしょう。なおバナナの価格 p_b に対するリンゴの価格 p_a の比率 p_a/p_b を,バナナに対するリンゴの相対価格といいます。それに対してリンゴとバナナの価格 p_a, p_b をそれぞれ,リンゴとバナナの名目価格といいます。

リンゴの価格は以前の均衡水準 p_a^* から新しい均衡水準 p_a' に引き上げられますが,改めて,この価格変動によって何がもたらされるのでしょうか。最初にリンゴの市場を分析しましょう。

バナナの価格 p_b の下でリンゴの市場では,すでに述べたように超過需要 $\bar{q}_a - q_a^*$ が発生しました。バナナに対するリンゴの相対価格 p_a^*/p_b が均衡水準 p_a'/p_b' に比べて低い水準にあったからです。

$$\frac{p_a^*}{p_b} < \frac{p_a'}{p_b'}$$

もっとも,リンゴの市場を分析するだけでは,リンゴの価格変動の本質に迫ることはできません。上の式から直ちに

$$\frac{p_b}{p_a^*} > \frac{p_b'}{p_a'}$$

であることがわかります。リンゴに対するバナナの相対価格 p_b/p_a^* は均衡水準 p_b'/p_a' と比べて高い水準にあります。したがって，バナナの市場ではバナナの超過供給が発生しているにちがいありません。

　リンゴの市場でリンゴの超過需要の結果，リンゴの価格が上昇するのに対して，バナナの市場ではバナナの超過供給の結果，バナナの価格が下落します。もしリンゴとバナナの価格が十分に変動すれば，より正確にはリンゴとバナナの間の相対価格が十分に変動すれば，リンゴの市場でもバナナの市場でも市場均衡が達成されるでしょう。

　この節の例では，当初の相対価格の下でリンゴの市場ではリンゴの需要量はリンゴの供給量を上回り，バナナの市場ではバナナの需要量はバナナの供給量を下回り，市場取引の開始時点での資源配分は最適ではありませんでした。市場での価格変動は最適でない資源配分を是正しています。

　一般に相対価格が上昇または下落すれば，需要量が調整されると同時に，特に需要量の変化に対応して供給量の変化が引き起こされ，生産活動に投入される各種資源の用途が変更されます。たとえば，以前はバナナの生産に従事していた労働者は，いまではリンゴの生産に従事し，また，以前はバナナが栽培されていた農地ではリンゴが栽培されるでしょう。

　現代の経済では市場メカニズムの下，十分な価格変動により最適な資源配分が実現するでしょう。結局，価格変動によってもたらされるのは，社会的に望ましい資源配分であると考えられます。

9.5　一般均衡分析

　マクロ経済学がマクロ経済を研究するのに対し，ミクロ経済学（Microeconomics）は，マクロ経済を構成する個々の経済主体を研究します。市場理論はミクロ経済学の中心に位置し，この章では部分均衡分析の範囲で，その概要を説明しました。

　9.2 節では，所与の価格の下での財の需要量および供給量の決定を論じ，さらに価格の変化に対して財の需要量および供給量がどう変化するかを説明しました。一方，9.3 節では超過需要および超過供給に対応して財の価格が，

どう改定されるかを議論しました。

　財の需要量および供給量の決定と価格改定は相互に作用しながら，市場における価格変動を導きます。市場理論は，需要量および供給量の決定と価格改定の2つの部分から構成されますが，この市場理論の構成は部分均衡分析であっても，以下で紹介する一般均衡分析であっても変わりません。

　繰り返しになりますが，所与の価格の下で消費者は財の需要量を，生産者は財の供給量を決定します。このような市場は完全競争市場と呼ばれます。完全競争（perfect competition）の下，消費者にとっても生産者にとっても財の価格は与えられており，市場参加者の誰も財の価格を動かすことはできません。その一方で，市場で財の超過需要または超過供給が発生すれば，財の価格が改定されます。

　それでは，このとき，誰が財の価格を改定するのでしょうか。市場参加者の内，誰一人，財の価格を改定することはできません。市場理論は，この点に関して多少の説明を補っていますが，結局のところ，価格は市場自身によって改定されると考えているようです。

　この章では市場理論を概説しました。もっとも，この章で解説したのは市場理論の初等的な部分にとどまります。ある1つの財の市場で右下がりの需要曲線と右上がりの供給曲線の存在が仮定され，他の市場の状況を所与として，その特定の財の市場が分析されました。その上で，他の市場の状況の変化が特定の財の市場に及ぼす影響の検討も行われました。とはいえ，この章で行った分析は部分均衡分析の範囲を出ません。

　しかし，第一に，なぜ需要曲線が右下がりであり，供給曲線が右上がりなのでしょうか。より進んだ市場理論では家計や企業の意思決定から財の需要曲線や供給曲線が導かれます。

　第二に，代替関係にある2つの財の市場は相互依存関係にありました。実は代替関係にある財は2つに限りません。現実的には相当数の財が互いに代替関係にあり，潜在的には，ほとんどすべての財が代替関係にあります。より進んだ市場理論では特定の財の市場だけでなく，すべての財やサービスの市場の同時均衡が議論され，部分均衡分析は一般均衡分析（general equilibrium analysis）に拡張されます。

第三に市場理論によれば，すでに述べたように市場における十分な価格変動により社会的に望ましい資源配分が達成されました。このとき，各財の間の相対価格は，社会的に望ましい資源配分が実現するように決定されます。それに対して各財の名目価格，さらにはマクロ経済における物価水準は，どのようにして決定されるのでしょうか。

第10章
景気循環

　景気循環は現代の経済における主要な経済変動の1つです。この章では現代日本における景気循環を解説し、さらに、前近代社会の経済変動と対比して景気循環の特徴を明らかにします。

10.1 周期的経済変動

　現代の経済では毎日、大量の財とサービスが市場で取引され、財やサービスの価格が変動し、需要と供給の調整が進みます。前の章では財市場における価格変動の説明を行いました。もっとも、取引価格の変動を通じて需要と供給の調整が進むのは財やサービスの取引ばかりではありません。債券市場では債券価格が、株式市場では株式価格が、外国為替市場では為替レートが変動します。さらに労働市場では賃金率が変動し、労働の需要と供給が調整されます。

　為替レートは外国通貨の価格と、また賃金率は労働の価格と見なすことができます。こうして非常に広い範囲の市場では日常的に需給の微調整が繰り返され、財の価格は絶えず揺れ動きます。このような日々の価格変動は一見、その場限りの不規則な動きに見えます。しかし、価格変動の背後には、もっと秩序立った経済変動があります。実際、マクロ経済の動きをある程度、長い間、注意深く観察していると、価格変動をはじめとする日々の経済変動は主要な経済変動の一部であることがわかるでしょう。

　マクロ経済における主要な経済変動の1つは景気循環であり、もう1つは経済成長です。この章では景気循環について詳しく説明しましょう。

　マクロ経済において各財の生産は、常に順調に拡大を続けているわけではありません。順調な生産拡大に続いて、しばしば生産の縮小が起こります。各財の生産が順調に拡大し、経済活動全般が活発な状況を好況（boom）といいます。一方、各財の生産が伸び悩み、場合によっては落ち込み、経済活

図10-1 景気循環のイメージ

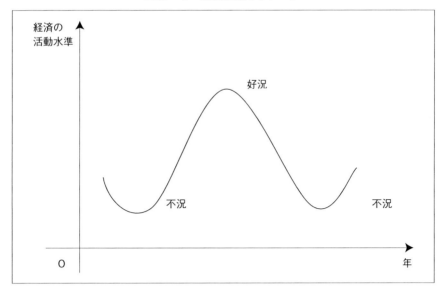

動全般が停滞する状況を不況（depression）といいます。

　日本をはじめ先進工業諸国では，これまで幾度も好況と不況が繰り返されました。好況と不況の繰り返し，好不況の波を景気循環（business cycle）といいます。図10-1に景気循環のイメージを図示しました。時間の経過とともに経済の活動水準が高い好況と活動水準が低い不況が繰り返されます。

　景気循環では景気回復，好況，景気後退，不況が繰り返され，不況から次の不況までが1つの循環です。この循環が通常，7年から11年までの周期で反復すると言われています。もっとも，自然現象における周期と異なり，景気循環の周期は正確に一定ではありません。実際，先進工業諸国では第二次世界大戦後，景気循環の周期は5年から7年になりました。ともあれ景気循環は周期的経済変動であり，周期的に反復する点に，この経済変動の最大の特徴があります。

　また，景気循環はマクロ経済全体に関わる経済変動であり，その影響は私たちの生活の隅々にまで及びます。もちろん学生生活も例外ではありません。一般に好況期には学生の就職内定率が高まり，またアルバイト時給も上昇す

る傾向にあります。一方，不況期には学生は就職活動で苦労し，アルバイト時給も低迷するでしょう。

10.2 現代日本の景気循環

　景気循環は，多方面にわたって人々の生活に大きな影響を及ぼしますから，多くの個人や組織は景気動向に多大な関心を寄せます。景気は現時点で，どのような状態にあるのでしょうか。また，景気は今後，どう推移していくでしょうか。

　政府は景気の現状把握および将来予測のために景気動向指数を作成し，景気基準日付を公表しています。まずは景気動向指数の解説を行い，続いて公表データに基づいて近年の日本経済の景気動向を確認しましょう。

　日本をはじめ先進工業諸国ではマクロ経済の動向を把握する目的で各種のマクロ経済統計が整備されています。国内総生産（GDP）や完全失業率，家計消費支出などは代表的なマクロ経済統計です。私たちは，これらの経済統計を通じてマクロ経済における生産や雇用・消費などの動きを把握することができ，これらの経済統計は経済指標とも呼ばれます。

　もっとも，景気循環は生産や雇用，消費など経済活動の諸方面に及び，個別の経済指標だけで景気の動きを十分に把握することはできません。そこで，生産や雇用，消費などの個別の経済指標に加えて，景気動向を把握するために景気指標が作成されました。景気動向指数は，日本の代表的な景気指標です。

　内閣府は毎月，『景気動向指数』と題された冊子を作成し，インターネット上に公開しています。『景気動向指数』には2つの指数，コンポジット・インデックス（Composite Index, C. I.）とディフュージョン・インデックス（Diffusion Index, D. I.）が掲載されています。コンポジット・インデックスは景気変動の振幅とテンポを示し，ディフュージョン・インデックスは景気変動の方向を示します。

　2つの指数のうち，長らくディフュージョン・インデックスが代表的な景気指標として用いられてきましたが，2008年4月よりディフュージョン・イ

ンデックスに代わってコンポジット・インデックスが中心的な景気指標として採用され，通常，単に景気動向指数と言えば，このコンポジット・インデックスを指します。またメディアでも景気動向指数に関して，ほとんどの場合，コンポジット・インデックスの動きが報じられます。

そこで，ここではコンポジット・インデックスの概要と利用方法を簡単に説明しておきましょう。景気循環に関しては経験上，その動きを敏感に反映するいくつかの経済指標が知られていますが，内閣府はまず，政府機関や関連団体等から，このような経済指標を収集します。各指標は毎月毎月のデータであり，一連のデータ全体を個別系列といいます。

その上で収集したデータは，景気動向との関連で先行系列，一致系列，遅行系列の3つの系列に分類されました。先行系列の各指標は景気回復に先立って改善し，景気後退以前に悪化し，先行系列には製造業の実質機械受注や新規住宅着工床面積などが含まれます。

一致系列の各指標は景気動向とほぼ一致して動き，鉱工業生産指数や所定外労働時間指数などが含まれます。景気拡大の局面では一般に工業製品の生産が拡大し，工場やオフィスなどで働く労働者の残業時間が延びるでしょう。

最後に遅行系列の各指標は景気に対して遅れて反応し，家計消費支出や完全失業率が含まれます。一般に景気回復から，やや遅れて雇用が改善し，多くの場合，給与所得の向上を経て家計消費が上向くでしょう。

3つの系列に属する経済指標は大体，固定されています。しかし，全く変更がないわけではありません。実際，以下で説明するように景気の谷が確定し，1つの循環が終わるたびに3つの系列に属する経済指標の見直しが行われます。

続いて内閣府は，3つの系列ごとにコンポジット・インデックスを算出します。すなわち先行系列の統計データからC.I.先行指数が，一致系列のデータからC.I.一致指数が，遅行系列のデータからC.I.遅行指数がそれぞれ算出されます。もっとも，コンポジット・インデックスの計算手順はかなり技巧的であり，学習の早い段階で計算手順を理解する必要はありません。各個別系列には傾向（トレンド）と振幅が含まれますが，その両方を考慮している点に，この計算手順の特徴があります。

さてC.I.一致指数は景気動向にほぼ一致して動きますから，C.I.一致指数の動きを見れば，景気の現状がわかるでしょう。一般に景気拡大の局面でC.I.一致指数は上昇し，景気後退の局面でC.I.一致指数が低下します。ですから，最新のC.I.一致指数が上昇傾向を保てば，景気は拡大局面にあると判断されるでしょう。一方，最新のC.I.一致指数が低下傾向を示せば，景気は後退局面にあると判断されるでしょう。さらにC.I.一致指数の動きから景気の転換点を特定することも難しくありません。

　景気循環には2つの転換点があり，景気の上方転換点では景気は上昇から下降に転じ，一方，景気の下方転換点では景気は下降から上昇へ向かいます。景気の上方転換点を景気の山，景気の下方転換点を景気の谷と呼びます。景気の山を過ぎて景気拡大は景気後退へ転じ，景気の谷を過ぎて景気後退は景気回復へ向かうでしょう。

　こうして景気循環は景気の谷から始まり，景気の山を経て再び景気の谷にもどり，統計上，1つの景気の谷から次の景気の谷までが1つの循環です。

　原則的には景気の山と谷はC.I.一致指数の動きから特定されます。とはいえ，現実の景気循環は非常に複雑であり，すでに述べた原則が常に適用されるとは限りません。むしろ，この原則が適用されない場合の方が多いかもしれません。

　図10－2に2008年以降のC.I.一致指数のグラフを掲載しました。たとえば，後で説明する景気基準日付の上では2009年3月から2012年3月までが景気の拡大局面ですが，この間にも何回かC.I.一致指数の低下が生じ，特に2011年にはC.I.一致指数が大きく落ち込みました。現実の景気循環ではC.I.一致指数の低下は必ずしも景気の谷を意味しません。より詳細には景気の山と谷は，C.I.一致指数の基礎となった個別系列から作成されるヒストリカルD.I.に基づき，景気動向指数研究会での議論を踏まえて設定されます。

　政府は1950年代初めから景気動向指数を作成し，景気の山と谷を設定してきました。景気基準日付には年代順に景気の山と谷の年月が記載されます。表10－1に1990年代以降の景気基準日付を示しました。1950年代の第1循環以来，戦後日本の景気循環は2018年現在で合計15になります。2018年現在で第15循環が最新の循環であり，第15循環は2009年3月の景気の谷に始まり，

図10−2　C.I.一致指数：2008-2018

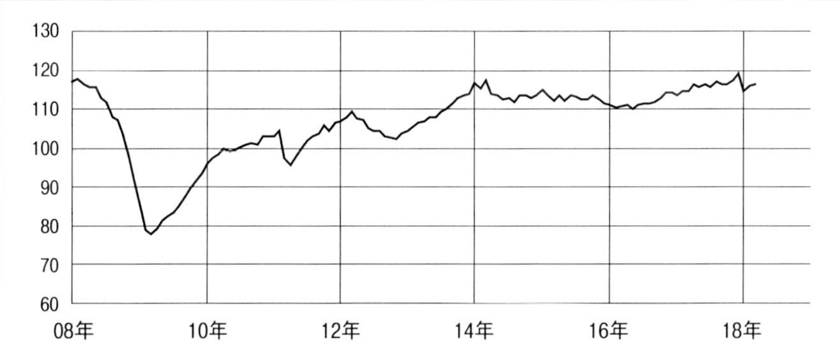

注：2010年の平均を100とする。
出所：内閣府「景気動向指数」。

表10−1　景気基準日付：1993-2012

	谷	山	谷	期間		
				拡張	後退	全循環
第12循環	93年10月	97年5月	99年1月	43カ月	20カ月	63カ月
第13循環	99年1月	00年11月	02年1月	22カ月	14カ月	36カ月
第14循環	02年1月	08年2月	09年3月	73カ月	13カ月	86カ月
第15循環	09年3月	12年3月	12年11月	36カ月	8カ月	44カ月

出所：内閣府「景気動向指数」。

2012年11月の景気の谷まで続きました。

　21世紀に入ってからの日本の景気循環を概観しておきましょう。第14循環の景気拡大は2002年1月の谷に始まり，2008年2月の山で終わりました。アメリカでは2008年9月にリーマン・ショックが起きましたが，日本の景気は，それ以前に下降に転じていたことになります。なお第14循環の景気拡大は**表10−1**に示したように73カ月に及び，景気拡大の期間は，1960年代のいざなぎ景気の57カ月を超えて戦後最長です。そのため第14循環は戦後最長景気と呼ばれることもあります。

　その後，景気は2009年3月を底に反転し，日本の景気変動は第15循環に進みました。第15循環は2012年3月に景気の山を経て，2012年11月に景気の谷

を迎えました。2012年12月には第二次安倍政権が発足し，金融緩和・財政支出・成長戦略からなる経済政策「アベノミクス」を提起しました。ほどなく外国為替市場で円安が進み，株式市場で株価の上昇が引き起こされたことは，よく知られています。一方，内閣府は2018年現在で次の景気の山を設定していません。ですから，景気基準日付による限り，2012年に始まる景気回復は現時点で，なお終了していません。

10.3 4つの経済変数

　景気循環がマクロ経済全体に関わる経済変動であることは，すでに何度か強調しました。さらに前節では近年の景気循環過程を概観しました。この節では，これを機会に景気循環とマクロ経済の関係を整理しましょう。景気循環はマクロ経済における生産や支出・雇用に，どのような影響を及ぼしているのでしょうか。

　最初に景気循環と社会全体の生産活動との関係について調べましょう。手短に言えば，国内総生産（GDP）は1年間における社会全体の生産活動を記録していました。図10－3に2001年以降の日本の国内総生産のグラフを示しました。前節で説明した景気基準日付との関連に注意しましょう。国内総生産は2002年から2007年まで拡大を続けますが，この期間は，ほぼ第14循環の景気上昇期に対応します。一方，2008年から2009年にかけて国内総生産は大きく落ち込みますが，この期間は第14循環の景気後退期に当たります。さらに2010年以降，2016年まで国内総生産の増大が続き，この期間は第15循環と次の循環の景気上昇期を含みます。もっとも，この期間は第15循環の景気後退期も含みますが，国内総生産の動きに関して，この短い景気後退の明白な影響を見出すことはできません。

　近年の日本の国内総生産の動きを見る限り，マクロ経済全体の生産水準は景気上昇とともに増加し，景気後退とともに減少すると考えてよさそうです。しかしながら，この結論には日本固有の事情が影響しており，この結論を直ちに一般化することは危険です。

　国内総生産の増加のスピードは経済成長率によって測られますが，日本を

図10－3　日本の国内総生産：2001-2016

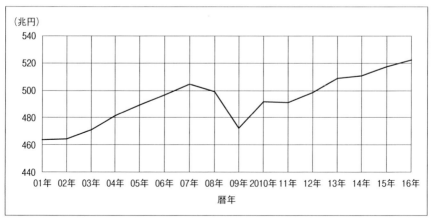

注：実質，2011年連鎖価格。
出所：内閣府「2016年度国民経済計算」。

はじめ先進工業諸国では1990年代以降，そもそも経済成長率の平均的な水準が低く，不況期に経済成長率は負になり，国内総生産が減少することがあります。しかし，この事実は，景気循環に関する一般的な事実ではありません。不況期に経済成長が減速することはあっても，多くの場合，経済成長率は正の水準を保ち，国内総生産は増加を続けます。

より正確には経済成長率は国内総生産の伸び率であり，一般に経済成長率は好況期に高く，不況期に低くなります。図10－4に，図10－3と同時期の日本の経済成長率のグラフを示しました。

次に景気循環と設備投資の関連を調べましょう。支出面での国内総生産を構成する支出項目の内で設備投資は経験上，とりわけ景気循環との関連が深いと考えられています。図10－5に示したのは2001年以降の民間設備投資のグラフです。日本の民間設備投資は2002年から2007年まで毎年，増加していますが，この期間は，すでに述べたように基本的に第14循環の景気上昇期に対応します。続いて民間設備投資は2008年から2009年まで急激に減少し，この期間は第14循環の景気後退期に当たりました。さらに民間設備投資は2010年以降，2016年まで増大を続けます。この間，日本経済が，2回の景気上昇

図10－4　日本の経済成長率：2001-2016

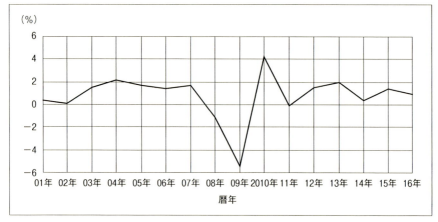

注：実質，2011年連鎖価格。
出所：内閣府「2016年度国民経済計算」。

と非常に短い景気後退を経験したことはすでに述べた通りです。

　最近の日本経済の経験に照らせば，民間設備投資は景気上昇とともに増大し，景気後退とともに減少すると考えられるかもしれません。もっとも，この結論は一般性を持ちません。一般的には企業の設備投資は景気上昇とともに高まり，景気後退の中で抑制されます。民間設備投資は必ずしも減少するとは限りません。

　それでは，図10－5に示される企業の設備投資の動きは景気循環の結果でしょうか。実は理論的には，むしろ逆であると考えられています。伝統的なマクロ経済学の理論によれば，企業の設備投資こそが，景気循環を引き起こす主要な要因であり，それゆえ，景気循環の理論研究では，とりわけ企業の設備投資が重視されます。

　第三に，景気循環と雇用の関連を検討しましょう。労働者の雇用が景気循環によって大きく左右されることは誰もが知っている事実ですが，よく知られた事実を実証データに基づいて検証することは決して無意味ではありません。図10－6に2001年以降の日本の完全失業率のグラフを掲げました。完全失業率は労働力人口に占める完全失業者の割合です。

図10−5　日本の民間設備投資：2001-2016

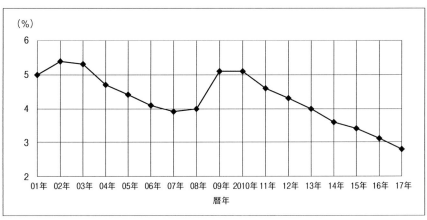

注：実質，2011年連鎖価格。
出所：内閣府「2016年度国民経済計算」。

図10−6　日本の完全失業率：2001-2017

注：2011年は補完推計値。
出所：総務省「労働力調査」。

　完全失業率は2002年から2007年まで低下を続け，その後，反転して2009年まで上昇し，5％を超えます。概ね2002年から2007年までが第14循環の景気拡張の期間，2008年から2009年までが景気後退の期間でした。さらに完全失業率は2010年以降，2017年まで一貫して低下し続けます。この期間には，す

でに述べたように2つの拡張期間と非常に短い1つの後退期が認められました。

約20年間のデータから完全失業率は景気上昇とともに低下し，景気下降とともに上昇することが推測されます。この推測は私たちの日常的な経験に合致していますし，また，日本だけでなく他の先進工業諸国の実証研究とも矛盾しません。

最後に，景気循環と物価変動の関係は，どうなっているのでしょうか。いくつかの物価指標がありますが，ここでは消費者物価指数に注意しましょう。図10－7に掲げたのは2001年以降の消費者物価指数の変化率のグラフです。データを分析する前にグラフの見方について次の2点を確認しておきましょう。第一に，2014年の消費者物価上昇率は2.5％を超えましたが，これは2014年4月から消費税率が5％から8％に引き上げられた結果です。第二に，このグラフは物価上昇率のグラフですから，正の値は物価上昇を，負の値は物価下落を意味します。

それでは，このグラフから景気循環と物価変動の関係について何がわかるでしょうか。消費者物価上昇率は2008年に1％を超えましたが，翌年に

図10－7　消費者物価上昇率：2001-2017

出所：総務省「消費者物価指数」。

－1％以下まで急落します。しかし，この2つの年を除けば，物価水準に大幅な変化はありません。近年の日本経済の動きを見る限り，景気循環と物価変動は無関係であるように見えます。

しかしながら，2001年以降の日本の経験は決して一般的ではありません。一般に物価水準は景気上昇とともに引き上げられ，景気下降とともに引き下げられます。ただし，経済現象は複雑であるためにマクロ経済変数の間の諸関係は，しばしば例外を伴い，特に景気循環と物価水準の関係には例外が多いことが知られています。

物価水準は通常，景気後退とともに引き下げられますが，まれに景気後退にもかかわらず，物価が高騰することもあります。先進工業諸国では1970年代，不況（stagnation）とインフレーション（inflation）による物価上昇が共存するスタグフレーション（stagflation）が発生しました。

改めて景気循環と主要なマクロ経済変数の一般的関係を整理しておきましょう。第一に国内総生産は景気上昇とともに急速に拡大し，景気後退とともに拡大の速度を落とし，場合によっては縮小します。第二に企業の設備投資も景気上昇とともに加速し，景気後退とともに減速します。第三に完全失業率は景気上昇とともに低下し，景気後退とともに上昇します。最後に物価水準は景気上昇とともに上昇し，景気後退とともに下落します。

10.4 前近代社会の経済変動

景気循環は，約10年の周期で繰り返されるマクロ経済変動であり，私たちの生活は多少とも景気循環の影響を受けます。その意味で景気循環は，どちらかと言えば，ありふれた経済現象であり，そのため多くの人々は景気循環を，どんな社会にも見られる普遍的な経済現象と考えるかもしれません。しかし，実際には景気循環は現代の経済に固有な経済現象です。

確かに前近代社会においてもマクロ経済の変動が起きました。しかし，そこでのマクロ経済の変動を決して景気循環と同一と見なすことはできません。

前近代社会では，日照りや低温，豪雨などの天候不順，病害虫の発生，家畜伝染病の流行によって，かなりの高い頻度で農業生産が深刻な打撃を受け，

食料危機が頻発しました。さらに食料危機は場合によっては飢饉へと発展し，栄養失調とそれに伴う伝染病により，各地で多くの住人が命を落としました。産業革命以前，人々は，どの地域でも常に凶作と食料危機の悪夢におびえながら日々を過ごしていたのです。実際，五穀豊穣は前近代社会に生きる人々の切実な願いであり，人々は毎年，神仏に豊作と豊漁を祈願しました。

とは言っても，産業革命以前，各地で特に天候不順や自然災害が多発していたわけではありません。確かに，一部の地域では自然環境が厳しく，また時代によっては重大な災害が頻繁に発生していたかもしれません。しかし，総じて同一地域で産業革命の前後に自然環境が急激に変化したという証拠はありません。それでは，前近代社会において農業生産の不振と食料危機が頻発した原因は，どこにあるのでしょうか。

第一にマクロ経済全体で労働生産性が低かったことが考えられます。近代社会と比べれば，前近代社会において社会的生産に占める農業生産の比重が相当に高かったことは，すでに述べました。それでも，農業生産を含む社会全体の労働生産性が低ければ，1人あたりの食料生産量は非常に低い水準にとどまるでしょう。実際，一般に前近代社会において社会的労働力の少なからぬ部分が農業生産に向けられていたにもかかわらず，農業生産の労働生産性が低く，1人あたりの食料生産量は，必要最低限ぎりぎりの生存水準（bare-born subsistence）をわずかに超える程度にとどまりました。

このとき，天候不順等による農業生産の不振は，その年の1人あたりの食料消費量を生存水準以下に引き下げたにちがいありません。社会全体の労働生産性が低い状況で農業生産がわずかでも縮小すれば，大多数の人々の間で深刻な食料危機が引き起こされるでしょう。

第二に，一般に労働生産性の変動が激しかったことも忘れてなりません。言い換えれば，前近代社会では労働生産性の平均値が低いだけでなく，その分散値も大きかったのです。各年の労働生産性が，その平均値を上回ることに問題はありません。しかし，農業生産の労働生産性が平均値を大幅に下回れば，すでに述べたように人々の消費生活と生存に大きな影響が及びます。

もちろん人々は，不確実な外的要因による農業生産の縮小を緩和するよう各種手段を用い，さまざまな工夫を試みるでしょう。今日では灌漑設備の整

備や品種の改良，化学肥料の投入，殺虫剤や除草剤の散布などの手段が充実しており，また自然環境と農業生産に関する科学的知識も格段に豊かになりました。ところが，一般に前近代社会は，社会全体の労働生産性が低いために，不確実な外的要因の影響を軽減する十分な手段を持ちませんでした。

さらに付け加えれば，不運にも食料危機が発生したとき，前近代社会には，その影響を最小限にとどめる手立てが不足していました。

たとえ深刻な食料不足が局地的に発生しても，近隣地域から緊急に必要な食料を運び込むことができれば，被災地域の食料事情は大幅に改善したでしょう。しかし，前近代社会において大量の穀物など重量物を遠方に運ぶ手段は，ほぼ水上輸送に限られていました。内陸部では大河の流域を除いて穀物の大量輸送は著しく制限されており，近隣の被災地に食料援助を行うことも容易ではありませんでした。

10.5 近代社会の経済変動

一方，イギリス産業革命末期の1825年に引き起こされた経済恐慌では事情は全く異なっていました。生産が絶頂に達するや販売が停滞し，物価が下落しました。物価の下落に銀行と事業会社の経営破綻および生産の減退が続きます。さらに多数の工場が操業を停止するとともに多数の労働者が職を失いました。

物価の下落は各財の市場における超過供給の表れです。需要に対して供給が不足していたから国民の生活が困窮したのではありません。逆に供給が過剰であったから経済恐慌が発生しました。1825年の経済恐慌は最初の本格的な過剰生産恐慌であると言われます。

1825年の経済恐慌の直後，生産活動は停滞しましたが，やがて経済状況は回復に向かいました。もっとも，約10年を経て再び過剰生産恐慌がイギリスを襲います。

こうしてイギリスでは約10年周期で過剰生産恐慌が繰り返され，国民の間で景気循環の存在が認知されるようになります。もちろん景気循環が発生したのはイギリスばかりではありません。同様の景気循環は大陸ヨーロッパや

北アメリカに及び，産業革命の進展とともに他の先進工業諸国に広がりました。

　かつて経済恐慌は急激な生産の収縮を伴いましたが，第二次世界大戦後，先進工業諸国の政府は経済政策手段の拡充により，経済恐慌における急激な生産縮小を，ある程度，緩和できるようになりました。それでも，各国政府は景気循環を回避することに成功していません。

　前近代社会において，食料を中心とする供給の不足によって経済恐慌が発生しました。一方，近代社会では，工業製品を中心とする供給の過剰が経済恐慌を引き起こします。

　市場経済では通常，各人は，市場に財を供給することなしに必要な財を得ることはできません。工業製品を中心とする財の生産過剰が近代社会における経済恐慌の特徴です。

第11章
金融危機とインフレーション

　現実の景気循環では景気後退が生産や雇用の縮小を超えて金融危機へと発展することがあります。インフレーションもまた，金融危機と並ぶ破局的な経済変動です。この章では金融危機とインフレーションについて学びます。

11.1　近年の金融危機

　約10年の周期で繰り返される景気循環は，マクロ経済全体に関わる経済変動であり，私たちの生活は，その影響と無関係ではありません。景気後退に際しては多数の企業で労働者の人員整理が行われ，一部の企業で経営破綻が起きるかもしれません。しかし，景気後退が金融危機へと発展すれば，さらに多くの人々が破局的な影響を受けるでしょう。また，人々の生活に破局的な影響をもたらす点ではインフレーションも同様です。

　この章では，特に激烈な経済変動である金融危機とインフレーションを取り上げましょう。2つの経済変動はそれぞれ，どのようにして引き起こされ，人々の生活にどのような影響を及ぼすのでしょうか。さらに政府は2つの経済変動にどう向き合うのでしょうか。

　最初に近年の代表的な金融危機を振り返っておきましょう。現代の経済において金融危機は決して珍しくありません。**表11−1**には1990年代以降の代表的な金融危機の事例を示しました。

　1997年7月，タイは自国通貨バーツを切り下げて変動相場制に移行しましたが，バーツの切り下げを契機にタイで通貨不安が高まり，タイから大量の投資資金が国外に流失しました。もっとも，通貨不安はタイの通貨バーツにとどまりません。バーツに続いてインドネシアの通貨ルピアや韓国の通貨ウォンが下落し，タイで始まった通貨危機は，その後の数カ月の間にインドネシア，韓国，さらに他の東南アジア諸国に波及しました。これが1997年に発生したアジア通貨危機です。

表11−1　主な金融危機と通貨危機：1990-2012

年　月	事　項
1992年 9月	欧州通貨危機
1994年12月	メキシコ通貨危機
1997年 7月 　　　11月	タイ・バーツ切り下げ（アジア通貨危機の開始） 北海道拓殖銀行が経営破綻 山一証券が自主廃業を決定 韓国，金融危機で IMF へ支援要請
1998年 8月 　　　10月 　　　12月	ロシア通貨危機 日本長期信用銀行の一時国有化を決定 日本債券信用銀行の一時国有化を決定
1999年 1月 　　　 3月	ブラジル通貨危機 大手銀行15行に公的資金投入
2001年 8月	アルゼンチン通貨危機
2007年 8月	フランス銀行大手 BNP パリバが傘下ファンドの解約を停止
2008年 3月 　　　 9月 　　　10月 　　　11月	アメリカ投資銀行ベア・スターンズが経営危機 アメリカ投資銀行リーマン・ブラザーズが経営破綻（リーマン・ショック） アイスランド，銀行システムを政府管理に IMF がアイスランド，ハンガリーなどへ緊急支援表明 ワシントンで G20による第1回金融サミット
2009年10月 　　　11月	ギリシャで財政赤字の過少申告が発覚（欧州債務危機の開始） ドバイ政府，政府系企業の債務返済猶予を申請（ドバイ・ショック）
2010年 5月 　　　11月	EU と IMF，ギリシャへの緊急融資を決定 EU と IMF，アイルランドへの緊急融資を決定
2011年 4月	EU と IMF，ポルトガルへの緊急融資を決定
2012年 3月	ギリシャ，債務一部削減で合意

出所：「日本経済新聞」等より。

　輸出競争力の低下などによりタイの貿易赤字が拡大していけば，国内で外国通貨が不足し，やがて対外支払いの停止に至るかもしれません。1997年7月，海外の投資家は，その危険を敏感に察知してタイから資金を引き上げたのです。

　各国は，輸入代金をはじめ対外支払いのために外国通貨を必要としますが，実際に通貨危機が発生して資金が国外に流出すれば，財の輸入や対外債務の支払いが大幅に制限されるでしょう。通貨危機は1つの主権国家の存立を脅かし，その影響は，もはや中小の個別金融機関の経営危機の比ではありませ

ん。けれども，経済主体の支払い能力が問われているという意味で通貨危機も一種の金融危機であると考えることができます。

日本では同じ1997年11月，北海道拓殖銀行，山一証券，三洋証券など多くの金融機関の経営が破綻し，さらに短期金融市場で債務不履行が生じ，金融システム全体に動揺が広がりました。1998年に入ると，2つの長期信用銀行，日本長期信用銀行と日本債券信用銀行で経営が行き詰まり，両行は一時国有化されます。さらに1999年には都市銀行15行に対して総額7兆4,592億円もの公的資金が注入されました。

1991年にバブル経済が崩壊し，資産価格が急落すると，不動産向け融資の大半が正常債権から不良債権に転じました。「失われた10年」と呼ばれた1990年代を通じて日本の主な金融機関には巨額の不良債権が積み上がり，経営不振が続きました。1997年から1998年にかけて相次いだ金融機関の経営破綻は，この銀行危機の一環であると考えられます。

一部の金融機関は一時国有化や公的資金の注入により救済され，金融システムの無秩序な崩壊は，なんとか回避されました。それでも，比較的よく制御されていたとはいえ，事態が一連の金融機関の経営破綻であることに変わりはありません。

1990年代以降に発生した金融危機の中でも最も大規模で最も激烈な形で展開した金融危機は2008年のリーマン・ショックとそれに続くグローバル金融危機でしょう。次に，サブプライムローン問題からリーマン・ショックを経てグローバル金融危機へと展開していく過程を概観しましょう。

一連の展開の出発点は通常，アメリカのサブプライムローン問題にあると考えられています。アメリカの金融機関は信用力の低い所得階層にまで住宅融資を広げましたが，この住宅融資がサブプライムローンです。さらにサブプライムローンは住宅バブルの中で，アメリカの金融機関によって証券化され，住宅ローン担保証券などとして世界中に販売されました。

しかし，住宅バブルが崩壊すると，2006年末頃からサブプライムローンの延滞が目立ち始め，金融機関の間にサブプライムローン関連の損失が拡大します。やがてサブプライムローン関連の損失は一部の金融機関の経営危機へと発展し，ついに2008年9月，アメリカ投資銀行リーマン・ブラザーズが経

126　第Ⅱ部　経済変動

表11－2　グローバル金融危機の展開：2008-2009

年月日	事　項
2008年9月15日	リーマン・ブラザーズが経営破綻
	バンク・オブ・アメリカがメリルリンチ買収を発表
16日	米政府・FRBがAIGを救済
18日	日米欧の6中銀が1,800億ドルの緊急資金供給を発表
	ロシアが株買い支えを発表
25日	米貯蓄金融最大手ワシントン・ミューチュアルが経営破綻
28日	フォルティスにベネルクス三国が公的資金注入
29日	世界の10中銀が総額6,200億ドルの資金供給
30日	欧州金融大手デクシアに仏など三国が公的資金注入
10月6日	アイスランド，銀行システムを政府管理に
10日	大和生命保険が経営破綻
22日	ベラルーシ，IMFに支援要請
28日	アイスランド，通貨防衛へ6％利上げ
11月8日	IMF・世界銀行などがハンガリーに254億ドル融資
15日	ワシントンで初のG20サミット　金融サミット首脳宣言は財政・金融両面からの政策総動員で合意
19日	IMF，アイルランドに21億ドル融資
22日	ラトビア，IMFに支援要請
23日	米政府，シティグループ救済　公的資金追加注入等で
24日	IMF，パキスタンに76億ドル融資
12月4日	ECB，政策金利を0.75％下げ，2.5％に
16日	FRB，事実上のゼロ金利へ　政策総動員を宣言
19日	日銀，政策金利を0.1％に引き下げ
2009年2月17日	米，総額7,800億ドル規模の景気対策法案が成立
4月2日	G20サミット，世界で5兆ドル規模の景気刺激策で合意
4月10日	日本政府，財政支出15兆円の経済危機対策を決定

出所：日本経済新聞社［2009］等より。

営破綻します。確かにサブプライムローン関連の損失は住宅ローン担保証券などを購入したヨーロッパの金融機関にも及びましたが，ここまでは基本的にアメリカの国内問題です。

　ところが，アメリカ大手投資銀行リーマン・ブラザーズが経営破綻したことで，**表11－2**に示すように金融危機は一気に世界規模に拡大しました[1]。2008年時点でアメリカは世界の金融の中心であり，しかもリーマン・ブラザーズはアメリカを代表する投資銀行の1つでしたが，そのリーマン・ブラザーズが経営破綻したのです。投資家は疑心暗鬼に陥り，一方で新規の資金

供給を取り止め，他方で疑わしい投資案件からはできるだけ早く自分の資金を引き上げようとしました。グローバル金融危機の開始です。

　短期金融市場ではドル資金が枯渇し，数々の中小金融機関の経営が破綻し，さらに新興国や資源生産国から資金が流出しました。アメリカの金融危機は，瞬く間に全世界へと拡散し，多数の新興国や資源生産国で通貨危機が発生しました。ヒト・モノ・カネが国境を越えて移動するグローバル化の時代に金融危機も容易に国境を越えるのです。

　これほど大規模で激しい金融危機が発生したのは1929年の大恐慌以来であり，2008年のリーマン・ショックとそれに続くグローバル金融危機はしばしば，「100年に1度」の金融危機と呼ばれます。

　確かに2008年のグローバル金融危機のような大規模で激しい金融危機は珍しいでしょう。しかし，**表11－1**に示すように，過去30年ほどの間に世界各地では，これより規模の小さい金融危機が幾度も発生し，金融危機自体は決して100年に1度の出来事ではありません。

11.2　景気循環と金融危機

　前節でも見たように歴史上の金融危機の要因はさまざまです。国外の要因によって通貨危機が発生する一方，国内の住宅バブルの崩壊が金融危機を引き起こすこともあります。歴史上の金融危機については，その要因と波及過程を具体的に明らかにする必要がありますが，この節では，金融危機の典型的な要因と波及過程を説明しましょう。

　金融危機が非常に激しい変動を伴う要因の1つに信用の崩壊があります。金融取引はしばしば信用取引と呼ばれ，取引相手との一定の信頼関係を前提にしていますが，金融危機に際しては信用が崩壊し，金融市場から投資資金が事実上，消失してしまいます。

　もっとも，信用の崩壊は一般に何の前触れもなく生じるのではありません。非常に多くの場合，金融市場の混乱に先立ってマクロ経済に変調が見られ，典型的には景気後退に続いて金融危機が発生します。

　工業製品の販売が順調である限り，製造企業は販売収入の中から事業の運

転資金を確保し，必要な原材料を購入するとともに労働者に賃金を支払い，工場の操業を続けることができます。

ところが，景気後退の中で工業製品の販売収入が落ち込めば，運転資金の確保が難しくなるでしょう。企業の資金繰りが，いよいよ困難になり，ついに運転資金が枯渇してしまえば，企業はもはや原材料を調達し，労働人員を維持することができません。工場は，その操業を停止します。操業停止が，企業の経営管理下にあるすべての工場に及び，企業の全事業が停止すれば，企業経営が破綻します（図11－1）。

1つの企業の経営破綻は，その企業と取引のある業者，その企業に資金を供給した投資家，さらに，その企業で働く労働者を経済危機に巻き込みます。製造企業に原材料を納品していた業者は販売代金の回収が困難になり，また工場やオフィスで働いていた労働者は職を失うでしょう。特に，もはや利益を生まなくなった株式会社の株式は株主にとって何の意味も持ちません。経営危機にある企業の株式価格は暴落し，経営破綻した企業の株式は，ほぼ無価値になるでしょう。

金融機関もまた事業会社の経営危機と無関係ではありません。第8章で説明したように，企業は，直接金融だけでなく間接金融によっても事業資金を調達していました。銀行は企業に投資資金等を融資しており，企業経営が順調である限り，銀行は利子収入を得ることができました。

ところが，企業の経営状況が悪化すれば，企業による利子支払いが遅れる

図11－1　金融危機

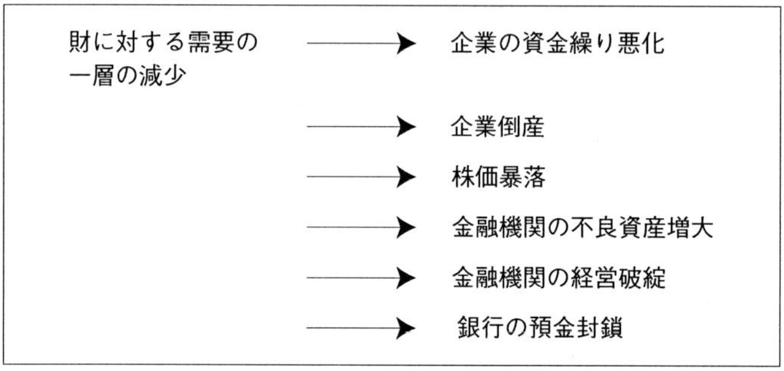

財に対する需要の　　　　→　企業の資金繰り悪化
一層の減少
　　　　　　　　　　　　→　企業倒産
　　　　　　　　　　　　→　株価暴落
　　　　　　　　　　　　→　金融機関の不良資産増大
　　　　　　　　　　　　→　金融機関の経営破綻
　　　　　　　　　　　　→　銀行の預金封鎖

でしょう。さらに状況が悪化して経営危機に至れば，元本の返済さえ困難になるかもしれません。銀行をはじめ金融機関の側では企業向け正常債権が不良債権に転じ，増大する不良債権が金融機関の収益を圧迫します。

　景気が後退する中で多数の企業の間に経営不安が広がり，倒産する企業が続出すれば，金融機関の不良債権の額はますます増大していくでしょう。巨額の不良債権を抱えて，今度は金融機関の経営が行き詰まります。

　さて，すでに述べたように銀行は預金取扱金融機関でしたが，経営危機にある銀行はもはや預金者からの現金引き出しの要求に応じることはできなくなるかもしれません。銀行は預金封鎖を断行します。預金が封鎖されれば，預金者は，その時点で自分自身の銀行預金を引き出すことができなくなります。

　経営危機の下では，しばしば客観的事実よりも恐れや不安が人々の行動を支配します。銀行の経営不安が極度に高まり，預金封鎖のうわさが流れれば，預金者は我先に現金を求めて銀行窓口に殺到するでしょう。いわゆる取り付け騒ぎが起きます。

　銀行をはじめ金融機関の経営破綻が相次げば，景気後退は金融危機へと発展します。金融危機の中で投資家は，どんな小さなリスクに対しても身構え，どんな債券や株式の保有に対しても不安を募らせるでしょう。金融市場において危険資産の引き受け手が一切いなくなってしまうかもしれません。多数の投資家や金融機関からなる金融システム全体に信用不安が広がれば，金融機関相互での短期資金の調達さえ困難になり，個々の金融機関の経営が破綻するだけでなく金融システム全体が，とりわけ決済システムが危機に瀕します。

　こうして景気後退とそれに続く金融危機の中で典型的には企業と金融機関の経営が破綻し，労働者が職を失い，あるいは投資家が金融資産を失い，マクロ経済全体の生産と消費は破局的な打撃を受けるでしょう。

　とはいえ，一連の過程は少し奇妙です。この過程で，企業が生産した工業製品や企業の生産設備あるいは公共施設は何か重大な物理的被害を受けたでしょうか。実は金融危機の中で企業の製品在庫も生産設備も，さらに公共施設も基本的に何の物理的損害も受けていません。しかしながら，マクロ経済

の各所で生産は縮小し，消費は減退したのです。

　企業も家計も物理的な損害を受けたから困窮しているのではありません。ただ支払い手段すなわち貨幣が不足しているという理由で困窮するのです。この点に金融危機の特異性が凝縮されているように思われます。

11.3 　**金融危機への対応**

　それでは金融危機がマクロ経済を襲い，各所で国民生活が破壊されるとき，社会は，なすすべもなく金融危機がもたらした被害を，ただ傍観しているのでしょうか。決して，そうではありません。政府は多くの場合，むしろ積極的に金融危機に対応します。

　政府の対応は応急措置と，その後の金融秩序の再建とに大別することができます。金融危機が発生した当初，市場はパニック状態にあり，取りあえず，このパニック状態を静める必要があります。実際，すでに述べたように金融危機に際して短期金融市場から資金の貸し手が消えて利子率が高騰し，また株式市場では誰もが保有株式を売り払い，株式価格が暴落しました。

　このような緊急事態に際しては金融危機の拡大を防ぐために，その時点で実行可能なあらゆる政策が実施されます。中央銀行は短期金融市場に資金を供給する一方で，経営危機に陥った金融機関に特別融資を行うでしょう。政府が株式市場を一時閉鎖することも，公的資金を投入して株式を買い支えることもあります。あるいは金融危機の影響で経営不安が高まった特定の企業に政府が緊急融資を行うこともあります。ともかく，金融危機が発生した時点では，その拡大を食い止めることが最優先課題です。

　政府や中央銀行が即座に適切な対応をとれば，利子率の急騰や株式価格の暴落が止まり，ほどなく金融市場は落ち着きを取り戻すでしょう。それでも金融危機がもたらした災厄は終わりません。

　金融危機によって多額の資金を失った企業に新しい事業を始める余裕はないでしょう。また，金融危機の直後，個人投資家も機関投資家も資産運用に極度に慎重になるでしょう。多くの場合，金融危機に引き続いて信用収縮あるいはクレジット・クランチ（credit crunch）が起き，経済活動全般が停

滞します。

　理想的には市場は，数ある事業計画の中から収益性の高い有望な事業計画を選別していると考えられます。しかしながら，金融危機の直後，多くの人々が極端に悲観的であるとき，市場の機能を全面的に信頼することはできません。悲観的になった市場は，どう考えても見込みのない事業計画とともに本来は有望な事業計画を不適格と見なしてしまうかもしれません。その場合，政府に，市場による事業計画の選別を補完することが求められます。

　典型的には政府は一部の金融機関を見捨てる一方で，有望な金融機関を救済するでしょう。若干の金融機関には公的資金が注入され，場合によっては発行済み株式の半分以上を保有して政府が金融機関を一時国有化することもあります。あるいは政府主導で金融機関同士の吸収・合併が進められることも珍しくありません。

11.4　インフレーションの歴史的事例

　「失われた10年」以後，日本の物価水準は比較的安定しており，近年は緩やかな下落傾向さえ見られました。多くの人々が，とりわけ若い世代が物価水準は本来，安定的であると信じても，それは無理のないことかもしれません。しかし，実際には現代の経済において物価水準は必ずしも安定的ではありません。それどころか現代の経済は過去に幾度も，インフレーションと呼ばれる激しい物価上昇を経験しました。まずはインフレーションの歴史的事例を確認しましょう。

　戦後日本は過去に2回，激しいインフレーションを経験しました。最初のインフレーションは第二次世界大戦直後のインフレーションです。このとき，敗戦による混乱の中で食料や生活物資が不足する一方，日本銀行券の発行残高が急増しました。すでに戦時中から通貨膨張が見られましたが，特に戦後は，財政赤字が日本銀行による国債引き受けによって賄われたことから通貨膨張が加速しました。食料や生活物資の不足の一方で通貨発行が増加した結果，急激なインフレーションが引き起こされます。小売物価水準は1945年8月を100とするとき，同年12月に200に，翌年2月に300にまで達しました。

日本経済では高度成長の過程で緩やかな物価上昇が見られましたが，1970年代に入ってインフレーションが再燃します。1973年10月，第四次中東戦争が勃発し，アラブ産油国が石油戦略を発動すると，原油価格は1年前の4倍に跳ね上がりました。第一次石油危機が世界経済を襲います。

原油と石油製品はエネルギー源であり，また幅広い工業製品の原料ともなりますが，特に日本は当時，原油と石油製品を主として中東の産油国に依存していました。第一次石油危機を契機に日本では，物不足パニックが起こり，物価が高騰します。1973年度の卸売物価上昇率は22.7％，消費者物価上昇率は15.3％に達し，このときのインフレーションは「狂乱物価」と呼ばれました。

物価が比較的安定した経済に生きる者にとって年率15％にも及ぶ物価上昇は十分に驚異的でしょう。とはいえ，物価上昇率が，この程度で治まる保証はありません。極めて高率のインフレーション，統計的には年率500％以上の物価上昇をハイパーインフレーション（hyper inflation）と呼びます[(2)]。物価上昇率が年率500％であれば，物価水準は1年間で6倍になります。

表11－3に1900年以降の先進工業諸国の主なハイパーインフレーションを列挙しました。ドイツでは1923年に年率2.22×10^{10}％のハイパーインフレーションが，またハンガリーでは1946年に年率9.63×10^{26}％ものハイパーインフレーションが発生しました。すでに述べた第二次世界大戦直後の日本の物価上昇もハイパーインフレーションです。もちろん，歴史上のインフレーションにはそれぞれ，固有の要因が働きますが，特に急激なこれらのインフレーションが戦争直後に発生していることは注目に値します。

先進工業諸国では1980年代以降，急激な物価上昇は発生していません。一方，発展途上国は1980年代以降もたびたびインフレーションを経験します。特にラテンアメリカでは1980年代にインフレーションが多発し，ボリビアでは1985年，物価上昇率が年率11,000％を超えました。このとき，物価は日ごとに上昇を続け，一日のうちで午前と午後で財の価格が異なっていたと言います。こうなると，人々は，もはや自国通貨を信用しません。自国通貨で賃金支払いを受けても労働者は自国通貨を直ちに外国通貨か生活必需品に替えます。さらに21世紀に入っても，アフリカ南部のジンバブエで2008年に年率66,000％ものハイパーインフレーションが，またラテンアメリカのベネズエ

表11-3　ハイパーインフレーション：1900-2018

国名	インフレーションの ピーク（年）	最大物価上昇率 （年率，％）
ドイツ	1923	2.22×10^{10}
ギリシャ	1944	3.02×10^{10}
ハンガリー	1946	9.63×10^{26}
日本	1945	568.0
ボリビア	1985	11,749.6
ニカラグア	1987	13,109.5
ジンバブエ	2008	66,000
ベネズエラ	2018（進行中）	6,167

出所：Reinhart, C.M. and K.S. Rogoff［2009］，「日本経済新聞」等。

ラで2018年に年率6,000％を超えるハイパーインフレーションが発生しました。

11.5　インフレーションの理論

　第9章で説明したように特定の財に対する需要が高まれば，その財の価格が高まるでしょう。しかし，インフレーションによって生じる価格上昇は，このような価格上昇ではありません。インフレーションが発生しているとき，特定の財の価格だけでなく，ほぼすべての財の価格が上昇します。言い換えれば，インフレーションは一般物価水準の上昇を引き起こします。

　それでは，なぜ一般物価水準の上昇が引き起こされるのでしょうか。ほぼすべての財に対する需要が高まれば，一般物価水準の上昇が始まるでしょう。一般物価水準の上昇を引き起こすのはマクロ経済における財全般に対する需要の拡大です。

　物価水準の決定に関しては以前から専門家の間で研究が重ねられてきましたが，ここでは，よく知られている古典的学説を紹介しましょう。

　さまざまな財やサービスが相互に交換されるとき，貨幣が財やサービスの交換を媒介することは第7章で詳しく説明しました。いま物価水準がP，財の取引数量をTと置けば，市場で取引される財の価格総額はPTになります。一方，貨幣は一定期間内に市場で繰り返し使用され，その結果，財と財

の交換が実現するでしょう。厳密には名目貨幣量 M が一定期間内に V 回だけ使用されて数量 T の財が価格 P で売買されるとき，名目貨幣量 M，貨幣の流通速度 V および財の価格総額 PT の間には

$$MV = PT$$

の関係が成り立ちます。この式はフィッシャー（I. Fisher）の交換方程式として知られています。

フィッシャーの交換方程式において財の取引数量 T と貨幣の流通速度 V は実質国民所得や実質賃金率と同様に実質経済変数であり，名目貨幣量 M と物価水準 P は名目国民所得や名目賃金率と同様に名目経済変数です。

古くからの貨幣数量説（quantity theory of money）によれば，実質経済変数は実物体系の中で決定されました。実物体系とは実質経済変数の相互関係です。したがって，個々の実質経済変数の値は他の実質経済変数の値に依存し，特別な場合を除いて名目経済変数の影響を受けません。各人は，名目価格に惑わされることなく実質所得に注意を払い，現在はもちろん将来にわたる各財の消費量を決定するでしょう。

一方，貨幣体系とは名目経済変数の相互関係です。実質経済変数が実物体系の中で決定される以上，個々の名目経済変数の値は他の名目経済変数の値に依存するでしょう。実物体系と貨幣体系は特別な場合を除いて相互に独立であると見なされ，この考え方を古典派の二分法といいます。

それでは，古典派の二分法を前提とするとき，何が物価水準 P を決定するのでしょうか。フィッシャーの交換方程式において財の取引量 T と貨幣の流通速度 V は実物体系の中で決定され，動かすことはできません。したがって，物価水準 P を決定する要因は名目貨幣量 M 以外にありません。

貨幣数量説によれば，名目貨幣量 M の変化は物価水準 P の変化を導き，最も素朴な形では名目貨幣量 M が従来の2倍になれば，物価水準 P も従来の2倍になります。貨幣数量説は，物価水準の上昇が名目貨幣量の増加によって引き起こされ，インフレーションが何よりも貨幣的経済現象であることを主張します。

11.6 インフレーションへの対応

インフレーションが貨幣的経済現象であり，物価高騰が名目貨幣量の急増によってもたらされたとすれば，市場で流通する名目貨幣量の削減こそがインフレーションに対する最も直接的な対応でしょう。中央銀行は通常，急激な物価上昇に直面して名目貨幣量を引き下げようとします。

それでは，市場で流通する名目貨幣量を削減するために中央銀行は何をすればよいのでしょうか。最初に貨幣と貨幣制度に関して，これまでの学習内容を整理しましょう。第7章では管理通貨制度の下で2種類の貨幣が流通することを説明しました。すなわち管理通貨制度の下で現金通貨と並んで預金通貨も貨幣であり，マネー・ストック M は現金 C と預金 D から構成されます。

$$M = C + D \tag{11.1}$$

また第8章では準備預金制度に言及しました。準備預金制度の下で預金 D に対する準備 R の比率 R/D は法定準備率 r 以上であることが要請されます。いま，議論を単純にするために，どの銀行も法定準備率 r を超える超過準備を持たないと仮定すれば，

$$r = \frac{R}{D} \tag{11.2}$$

となります。さらに準備 R と現金 C の合計はハイパワード・マネー H と呼ばれました。

$$H = C + R \tag{11.3}$$

このとき，3つの式(11.1)，(11.2)，(11.3)からマネー・ストックとハイパワード・マネーに関して次の関係式

$$M = \frac{\frac{C}{D} + 1}{\frac{C}{D} + r} \times H \tag{11.4}$$

を導くことができます。

　各人はマネー・ストック M を現金 C と預金 D のいずれかで持つかを選択できます。現金 C と預金 D の比率 C/D は市場取引によって決定され，政策当局は，この比率を操作することはできません。(11.4)の右辺の変数の中で中央銀行が直接，操作できる変数はハイパワード・マネー H と法定準備率 r です。

　中央銀行は法定準備率 r を変更することができ，他の条件を一定として法定準備率 r を引き上げれば，マネー・ストック M は減少し，逆に法定準備率 r を引き下げれば，マネー・ストック M は増加するでしょう。

　一方，同様に他の条件を一定としてハイパワード・マネー H を拡大すれば，マネー・ストック M は増加し，逆にハイパワード・マネー H を縮小すれば，マネー・ストック M は減少するでしょう。中央銀行は，法定準備率 r の引き上げあるいはハイパワード・マネー H の縮小によってマネー・ストック M を削減できます。

　いずれの政策手段も実行可能ですが，とりわけ多用されるのがハイパワード・マネーの操作です。中央銀行は民間金融機関への貸出を増やし，あるいは債券を購入すれば，民間金融機関が中央銀行に持つ中央銀行当座預金の残高が増加するでしょう。こうしてマクロ経済全体で準備 R が増加すれば，(11.3)においてハイパワード・マネー H が拡大します。

　逆に中央銀行が民間金融機関への貸出を減らし，あるいは保有債券を売却すれば，民間金融機関が中央銀行に持つ中央銀行当座預金の残高が減少するでしょう。マクロ経済全体で準備 R が減少すれば，(11.3)においてハイパワード・マネー H が縮小します。

　貨幣数量説によれば，物価高騰の原因は名目貨幣量の急増にありました。インフレーションの発生に対して中央銀行が採用する標準的な金融政策はハ

イパワード・マネー H の削減です。ハイパワード・マネー H を削減すれば，これまでの説明からマネー・ストック M が減少し，マクロ経済全体で名目貨幣量が減少するでしょう。

なお，ハイパワード・マネーを削減する過程で中央銀行は保有債券を売却しており，その結果，債券市場で債券価格が低下し，債券利子率が上昇することに注意しましょう。一般にインフレーションの抑制に際して名目利子率の上昇が生じ，インフレ抑制政策は多くの場合，金融引き締め政策と呼ばれます。

11.7 デフレーション

「失われた10年」以後，日本の物価水準は比較的安定しており，近年は緩やかな下落傾向さえ見られることは，すでに述べました。図10－7に掲載した日本の物価上昇率のグラフからも，この点を確かめることができます。実際，日本の消費者物価上昇率は2001年から2012年まで若干の例外を除いてゼロ以下です。

デフレーションの下では一般物価水準が下落します。一部の専門家は，日本経済が，この期間に緩やかなデフレーションの状態にあったと指摘し，さらに，この期間の日本経済の混迷の主要な要因を緩やかなデフレーションに求めました。

急激なインフレーションがマクロ経済を破局に導くことは詳しく説明しました。一方で，デフレーションはマクロ経済に何をもたらすのでしょうか。

物価水準が変動するとき，貸し手の便益と借り手の負担を名目利子率だけで評価することはできません。実質利子率，名目利子率および物価上昇率の間には次のような関係が成り立つことが知られています。

$$実質利子率 = 名目利子率 - 物価上昇率$$

物価水準が一定であれば，実質利子率は名目利子率に等しくなりますが，物価が変動すれば，実質利子率は名目利子率に一致しません。物価上昇率が正であれば，実質利子率は名目利子率より低く，逆に物価上昇率が負であれ

ば，実質利子率は名目利子率より高くなります。したがって，デフレーションが発生して一般物価水準が下落するとき，名目利子率が一定であっても貸し手は実質的に以前より多くの利得を得る一方，借り手の負担は増大するでしょう。

　実際，投資資金を借り入れて工業製品を生産し，販売する企業は製品価格の低下に直面して，同額の利子を支払うのに，以前より多くの工業製品を消費者に販売する必要があります。他方で投資資金を貸し付けた家計は一般物価水準が低下する中で同額の利子を取得して，以前より多くの消費財を購入することができるでしょう。一般に，緩やかなデフレーションは貸し手に有利に，借り手に不利に働きます。

　日本では2012年12月，第二次安倍政権が，大胆な金融緩和，機動的な財政政策および成長戦略からなる新しい経済政策，「アベノミクス」を提起し，さらに翌年4月には日本銀行が「量的・質的金融緩和」を導入しました。一連の経済政策は，日本経済が早期に緩やかなデフレーションから脱し，再び成長軌道に乗ることを目指しています。

　「量的・質的金融緩和」の導入に際して日銀は，異例なほど明確な政策目標を掲げ，しかも，その達成に向けての政策手段を明示しました。2013年4月時点での政策目標は消費者物価の対前年上昇率2％を2年以内に，しかもできるだけ早期に達成することであり，また政策手段はマネタリー・ベースの拡大です。日銀はマネタリー・ベースを2年間で2倍に拡大することを宣言しました。インフレ抑制のためにハイパワード・マネーすなわちマネタリー・ベースが縮小されるのと対照的に，ここではデフレ脱却を目指してハイパワード・マネーが拡張されます。

　それでは「量的・質的金融緩和」の政策目標は達成されたのでしょうか。日銀は2016年1月，日銀当座預金にマイナス金利を適用し，当初の政策は「マイナス金利付き量的・質的金融緩和」へと拡充されましたが，この時点で消費者物価の対前年比上昇率2％は，なお達成されていません。その後，日銀は2016年9月，「長短金利操作付き量的・質的金融緩和」と呼ばれる新たな金融緩和政策を導入しました。

注:
(1) 日本経済新聞社編著『大収縮　検証・グローバル危機』, 日本経済新聞出版社, 2009年。
(2) Reinhart, C. M. and K. S. Rogoff, *This Time is Different: Eight Centuries of Financial Folly*, Princeton University Press, 2009(村井章子訳『国家は破綻する：金融危機の800年』, 日経BP社, 2011年).

第12章
経済成長

　第10章で景気循環について学びました。この章では経済成長について学びます。経済成長の定義を述べた後、現代日本の経済成長および経済成長の要因と影響を説明します。

12.1 経済成長の定義

　マクロ経済は景気循環と同時に経済成長を経験し、経済成長は景気循環と並ぶ主要な経済変動の1つでした。第10章では景気循環の概要を説明しました。この章では経済成長を取り上げましょう。

　意外にも各種メディアにおいて経済成長への言及は決して少なくありません。第二次安倍政権の経済政策「アベノミクス」の第3の矢は成長戦略でしたが、ここでの成長は経済成長を指します。また、小泉内閣は2001年4月、「改革なくして成長なし」と唱えて構造改革を進めました。この場合の成長も経済成長を意味します。近年のマクロ経済政策は経済成長を政策目標の1つにしています。

　それでは改めて経済成長とは何でしょうか。結論を先に言えば、マクロ経済学において経済成長とは国民所得の増加にほかなりません。

　人々は経済成長に関して、さまざまなイメージを持っています。ある者は経済成長という語から家庭内に次々とテレビやルームエアコン、パソコンなどの家電製品が増え、人々の消費生活が豊かになっていく様子を思い描くでしょう。別の者は、沿岸が埋め立てられて石油コンビナートが立ち並び、都市部で高層ビルの建設が続く様子を想像するかもしれません。鉄道網や高速道路網の全国的展開もまた経済成長の1つのイメージです。

　マクロ経済学における経済成長の定義は、このような人々のイメージと矛盾しませんし、ある意味で人々のイメージを総括しています。実際、正確には国民所得は純生産物であり、毎年、新たに生産された数々の消費財や生産

設備，各種公共施設を含んでいました。したがって，経済成長の過程ではマクロ経済全体で消費財や生産設備，公共施設等が増大します。

12.2 経済成長率

　現実の統計を見れば，すぐにわかるように国民所得が増加する速度は地域によって時代によって異なり，経済成長は決して一様ではありません。実際，経済成長に関して，しばしば話題になるのは，その速度です。この節では経済成長の速度に注意しましょう。最初に経済成長の速度は，どのようにして測られるのでしょうか。

　経済成長の速度は経済成長率によって測定されます。一言で言えば，経済成長率は国民所得の変化率あるいは伸び率ですが，伸び率の意味を明確にしておく必要があるでしょう。

　各国の政府は毎年，自国の国民所得を測定しており，日本では現在，内閣府が『国民経済計算年次推計』の中で毎年の国民所得と経済成長率を公表しています。毎年の経済成長率は，その年の国民所得と前年の国民所得から算出され，次の式

$$(今年の経済成長率) = \frac{(今年の国民所得) - (前年の国民所得)}{(前年の国民所得)}$$

から求められます。

　経済成長率が割合であることに注意しましょう。今年の経済成長率は，前年の国民所得の水準に対する今年の国民所得の増加分の割合を測っており，この割合が伸び率あるいは変化率と呼ばれます。結局，経済成長率は国民所得の伸び率あるいは変化率であり，通常，毎年の経済成長率は計測値に100をかけてパーセントで表示されます。

　ここで若干の記号を導入して経済成長率の定義式を書き換えておきましょう。記号を用いることで本質的に新しい内容が加わることはありませんが，議論の見通しは多少よくなります。

　伝統的に国民所得は Y と表記されました。今年を t 年とすれば，今年の

国民所得は Y_t と表されます。経済成長率は国民所得の伸び率ですから，国民所得と関連が深い記号を使うことにしましょう。経済成長率を y とすれば，今年の経済成長率は y_t と表されます。次に前年の国民所得は，どのように表されるでしょうか。前年に新しい記号を当てる必要があるでしょうか。その必要はありません。今年が t 年であるとき，前年は $t-1$ 年であり，前年の国民所得は Y_{t-1} と表されます。

これらの記号を用いれば，経済成長率の定義式は

$$y_t = \frac{Y_t - Y_{t-1}}{Y_{t-1}} \tag{12.1}$$

と書き換えられます。

毎年の経済成長率は通常，正の値をとり，また高い経済成長率は，それだけ国民所得の拡大が急速であることを表します。

図10−4に2001年以降の経済成長率を示しました。2001年から2016年までの間，ほとんどの年で経済成長率は正の値をとりますが，例外もあります。2008年と2009年の経済成長率ははっきりと負の値をとりました。また，2011年の経済成長率はゼロ近辺にありますが，正確にはわずかにゼロを下回ります。

経済成長にはプラス成長，ゼロ成長，マイナス成長の3つのパターンがあります。順に，それぞれの意味を説明しましょう。

プラス成長とは経済成長率 y_t がプラスである状態であり，このとき，t 年の国民所得 Y_t は前年の国民所得 Y_{t-1} を上回ります。ゼロ成長とは経済成長率がゼロである状態です。このとき，t 年の国民所得 Y_t は前年の国民所得 Y_{t-1} と変わりません。最後に，マイナス成長とは経済成長率がマイナスである状態であり，このとき，t 年の国民所得 Y_t は前年の国民所得 Y_{t-1} を下回ります。

結局，プラス成長，ゼロ成長，マイナス成長の3つのパターンは順に，国民所得水準の増加，維持，減少に対応します。

厳密には3つのパターンがそれぞれ，国民所得水準の増加，維持，減少と定義されたのではありません。それぞれのパターンは経済成長率の定義から

導かれました。たとえば，$y_t > 0$ であるとき，経済成長率の定義式(12.1)を使って

$$Y_t > Y_{t-1}$$

を示すことができます。ただし，$Y_{t-1} > 0$ を仮定しました。

ともあれ，経済成長の3つのパターンは各経済状態の簡潔な表現であり，経済成長に関する報道ではマイナス成長やゼロ成長のような表現が多用されます。

内閣府が『国民経済計算年次推計』において毎年の国民所得や経済成長率を公表していることはすでに述べました。もっとも，私たちが知ることのできる国民所得統計は年次データだけではありません。1年間は1〜3月期，4〜6月期，7〜9月期，10〜12月期の4つの四半期に分けられ，内閣府は年次データに加えて各四半期のデータを公表しています。

具体的には各四半期が終わると，約1カ月半後に経済成長率等の速報値が，さらに，その約1カ月後に改定値が公表されます。こうして私たちは，メディアでの報道から，数カ月を経て経済成長の現況を知ることができます。

12.3 現代日本の経済成長

この節では客観的なデータに基づいて近年の日本の経済成長の特徴を明らかにしましょう。2001年以降の日本の経済成長は，どのような特徴を持つのでしょうか。

再度，図10−4に戻りましょう。前節では2001年から2016年までの間，わずかな例外を除けば，経済成長率が正であることを確認しました。やや詳しく見れば，日本の経済成長率は例外を除いて0％から2％の間に収まり，1％前後で推移します。この事実は何を意味するのでしょうか。

最初に一部の悲観的な論調にもかかわらず，日本経済は決して停滞していません。経済成長率の平均値は正であり，日本経済は2001年以降，確かにプラス成長を続けています。

それでも経済成長率1％は決して高い数値ではありません。2010年代以降

も中国やインドなど新興国は6％前後の経済成長率を維持し，最近では一部の東南アジア諸国の経済成長率も，これに近い水準に達しました。また，日本でも1950年代半ばから1960年代末までの間，経済成長率は幾度か10％を超え，この時期は日本経済の高度経済成長期と呼ばれます。新興国の動向や日本経済の過去と比べれば，21世紀に入ってからの経済成長率は低く，経済成長を続けているとはいえ，その速度は非常に緩やかであると言えます。

続いて少し特異な動きに注意しましょう。経済成長率は2008年に－1.1％に，2009年に－5.4％に落ち込みました。1950年代以来の経済成長過程の中で経済成長率は，かつてない落ち込みを示しましたが，このとき，何が起きていたのでしょうか。

もちろん，2008年9月のリーマン・ショックが，経済成長率を押し下げた最大の要因ですが，日本国内では同じ時期に景気後退が起きていました。**表10－1**に景気基準日付を示しました。第14循環の景気後退は2008年2月から2009年2月まで続きます。国内の景気後退もまた経済成長率を引き下げた要因の1つであると考えられます。

このように経済成長は景気循環から独立ではありません。経済規模の拡大と経済の活動水準の周期的変動は同時に進行しており，経済成長率の動向には，この周期的変動が反映されます。

図12－1　循環的成長

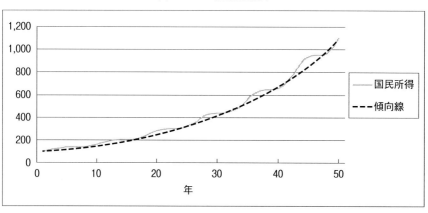

この点は日本経済だけの現象ではありません。景気循環と経済成長はどちらも現代の経済の主要な経済変動であり、しかも両者は不可分です。

一般に経済成長率は平均的に正の水準を維持しつつ、景気回復とともに上昇し、景気後退とともに低下します。現代の経済における経済成長は景気循環を伴い、したがって循環的成長です。図12－1に循環的成長のイメージを示しました。

12.4　経済成長の要因

すでに述べたように各国の政府は毎年、自国の国民所得を計測しており、日本においても1955年以来、国民所得等の公式統計が整備されています。図12－2に1956年から2016年までの経済成長率の推移を示しました。

図12－2を見れば、1950年代半ば以来、経済成長率が段階的に低下していくのがわかるでしょう。1956年から1973年までの間、経済成長率は、ほとんどの年で5％を超え、10％前後で推移します。

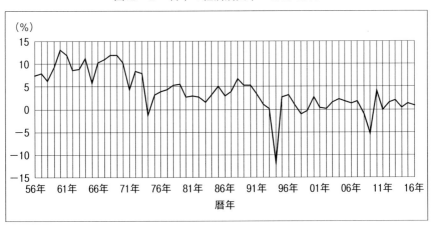

図12－2　日本の経済成長率：1956-2016

注：実質。1979年までは1990年暦年価格、1980年からは1995年暦年価格、1994年からは2011年連鎖価格。
出所：内閣府「2016年度国民経済計算」等。

ところが，1970年代半ばから1991年までの期間で状況は一変します。経済成長率は概ね3％から5％の範囲に収まり，もはや，この間で経済成長率が10％を超える年はありません。

1992年以降，日本経済の停滞の度合いは，さらに深まります。経済成長率は1％前後で推移し，景気後退に伴って0％以下に押し下げられることも珍しくありません。なお図12－2では1994年に経済成長率が極端に低下していますが，これは基準年の改定が原因です。

それでは何が，このような経済成長率の低下傾向を生み出したのでしょうか。経済成長のような長期の経済動向が問題とされるとき，重視されるのは財に対する需要よりも，むしろ財の供給です。財市場の供給に注意しましょう。

第4章では労働生産性の説明に際して資本設備Kと労働Lを投入して純生産物Yが産出される状況を想定しました。今度は，この想定を拡張してマクロ経済全体で資本設備Kと労働Lが投入されて純生産物Yが産出される状況を考えましょう。資本設備K，労働Lおよび純生産物Yの間の関係はマクロ的生産関数

$$Y = F(K, L) \qquad (12.2)$$

によって表現されます。

マクロ的生産関数において他の条件を一定として労働投入Lが増加すれば，社会全体の純生産物Yが，すなわち国民所得Yが増大するでしょう。それでは，このとき労働投入Lの大きさを決定しているのは何でしょうか。

労働投入の大きさを決定する主要な要因は人口であると考えられます。確かに必ずしも全人口が就労を望んでいるわけではなく，労働力人口のすべてが就業しているのでもありません。しかし，労働力人口比率や失業率が大きく変動しないとすれば，総人口に占める就業者の割合はほぼ一定であり，労働投入の大きさは基本的に人口の規模に依存するでしょう。経済成長の1つの要因は人口成長であると考えられます。

図12－3に1956年から現在までの日本の人口成長率の変化を示しました。人口成長率は人口の伸び率です。1980年代初頭まで1％前後を保っていた人

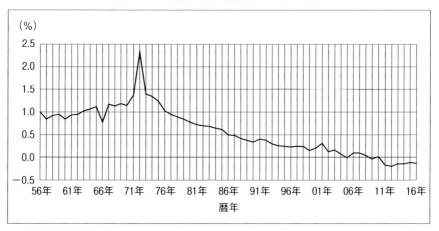

図12−3　日本の人口成長率：1956-2016

注：1972年は沖縄県の復帰による人口増を含む。
出所：国立社会保障・人口問題研究所「人口統計資料集2018年版」。

口成長率は1987年に0.5％を切り，2011年についにマイナスに転じ，以後，マイナスの値をとります。それでも今世紀に入るまで人口成長率は正であり，人口増加が続いていたことに間違いはありません。

こうして統計データから，ごく最近まで人口成長が日本経済の成長要因であったことが確かめられます。それと同時に人口成長だけでは日本経済の成長を説明できないこともわかります。

すでに述べたように1956年から1973年までの間，日本の経済成長率は平均して10％前後を記録しました。一方，1945年から1947年の間，日本の国内人口は急増し，平均人口成長率は4％近くに達しました。しかし，それ以前も以後も人口成長率が5％を超えることはなく，経済成長率10％との間には相当な開きがあります。

また2011年以降，人口成長率は，わずかに0％を下回りましたが，その一方で経済成長率は1％前後を維持しました。

人口成長は確かに経済成長の要因ですが，人口成長だけで日本の経済成長を説明することはできません。この点は別の面からも確かめることができます。

図12−4 日本の1人あたり国内総生産：1955-2016

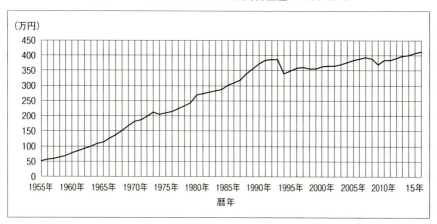

注1：実質。1979年までは1990年暦年価格，1980年からは1995年暦年価格，1994年からは2011年連鎖価格。
注2：1972年は沖縄県の復帰による人口増を含む。
出所：内閣府「2016年度国民経済計算」等，国立社会保障・人口問題研究所「人口統計資料集2018年版」。

　図12−4に1955年から2016年までの1人あたり国内総生産の推移を示しました。もし人口成長だけが経済成長の原動力であれば，国内総生産は人口と同じ速度で拡大し，1人あたり国内総生産は変わらなかったでしょう。ところが，実際には1人あたり国内総生産は基本的に上昇を続けます。人口成長以外の要因が経済成長に作用していることがわかります。
　第4章では特定の工業製品の労働生産性に言及しました。マクロ経済全体の労働生産性は労働1単位あたりの純生産物 Y/L によって測られます。経済成長の研究において労働生産性の動向も無視することはできません。たとえ労働投入 L が不変であっても労働生産性が上昇すれば，国民所得は増大するでしょう。
　再度，マクロ的生産関数(12.2)にもどりましょう。今度は労働投入 L を一定に保ちつつ，資本設備 K を増強すれば，やはり国民所得 Y が増加し，労働生産性 Y/L が上昇するでしょう。労働生産性 Y/L の上昇は労働に対する資本設備の比率 K/L に依存します。たとえば，物価水準が一定のままで

貨幣賃金率が上昇すれば，労働から資本設備への代替が進み，労働生産性が上昇するでしょう。このような技術変化を技術代替と呼びます。

もっとも，労働生産性が上昇する事情は，そればかりではありません。同一量の労働 L と資本設備 K にもかかわらず，革新的な技術の採用により国民所得 Y が増大する場合もあります。このような技術変化を技術進歩と呼びますが，戦後日本の経済成長において人口成長と並んで技術進歩も重要な役割を果たしてきたことが知られています。

12.5 経済成長の影響

マクロ経済学において経済成長は国民所得の増加でした。国民所得の増加は国全体の生活水準の向上を意味し，また純生産物の増加は一般に雇用の拡大と不可分です。そのため，マクロ経済学では，とりわけ経済成長の量的側面に注意が向かいます。とはいえ，現実の経済成長は過去の生産水準の単なる量的拡大ではありません。

最初に支出面での国民所得の構成を説明しましょう。マクロ経済学では国内で生産された財に対する需要は消費，投資，政府支出および輸出から構成されます。もちろん，財が輸出される一方で，海外から財が輸入されれば，国内で生産された財に対する需要は，その分，減少します。したがって，支出面での国民所得は

$$（国民所得）=（消費）+（投資）+（政府支出）+（輸出）-（輸入）$$

と書き表されます。支出面から見た国民所得を支出国民所得といいますが，支出国民所得を見れば，人々が，受け取った所得を，どの支出項目にどれだけ支出したかがわかるでしょう。

家計は日々，食料品や衣料品，日用雑貨などを購入しており，マクロ経済学において消費は当然，これらの品々を含みます。加えて家具や家電製品，乗用車なども消費に含まれます。日本の高度経済成長期，各家計が競って購入したのは家電製品や乗用車などの耐久消費財でした。

図12−5に1960年から1972年までの主要耐久消費財の保有率の推移を示し

図12−5　主要耐久消費財の保有率：1960-1972

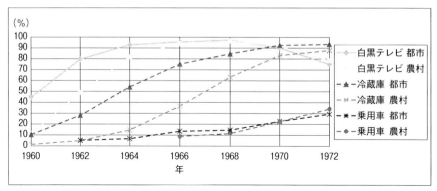

注1：都市は人口5万人以上の都市，農村は農家を意味する。
注2：乗用車は1966年までライトバンを含む。
出所：国民生活研究所『国民生活統計年報』1970, 1972, 1976版。

ました。1960年に50％以下であった白黒テレビの保有率は1960年代の終わりには都市部でも農村部でも100％近くに達しました。その後，白黒テレビに代わってカラーテレビが普及し始めます。また都市部で1962年に，農村部で1966年に10％以下であった乗用車は1960年代を通じて徐々に各家庭に普及し，1972年には全家計の約30％が乗用車を保有していました。乗用車の保有率は1970年代に入ってからも上昇を続けますが，各家計は乗用車に続いてルームエアコン，ビデオカメラ，さらにパソコンを買い求めました。

　高度経済成長期以来の経済成長の中で日本では耐久消費財の普及が進み，家電製品等に囲まれた現在の標準的な生活様式が確立しました。次々に各家庭に浸透していった家電製品は基本的に，それまでにない製品でした。生産過程における技術革新をプロセス・イノベーション（process innovation）と呼ぶのに対し，新製品の開発をプロダクト・イノベーション（product innovation）と呼びます。経済成長の過程において消費は量的に拡大するだけでなくプロダクト・イノベーションを伴って拡大しました。

　もちろん，技術革新の影響が見られたのは消費生活の場だけではありません。むしろ新しい生産技術が次々に採用され，技術革新が目覚しく進展したのは生産現場でした。一般に機械制大工業では最新鋭の生産設備の導入によ

り生産方法が一新され，労働生産性が飛躍的に上昇します。

　戦後日本の経済成長過程でも繊維・鉄鋼・石油化学・自動車などの産業分野で，技術革新を伴う設備投資が盛んに行われました。新しい生産技術を体化した機械設備の導入により，資本設備が増大し，生産効率も向上しました。支出国民所得における投資は，このような設備投資を含みます。

　もっとも，広い意味での資本形成を進めたのは民間企業ばかりではありません。支出国民所得における政府支出は政府消費と公的資本形成からなります。実際，政府は公共事業を実施し，道路・鉄道・港湾などの公的な産業基盤，いわゆるインフラストラクチャー（infrastructure）を整備しますが，公的資本は公的産業基盤を含みます。大部分の産業基盤は直接に民間企業の生産能力を高めるものではありませんが，政府支出の増大，輸送コストの削減や市場規模の拡大を通じて民間企業の生産意欲を刺激するでしょう。日本では1964年に名神高速道路が全線開通し，東海道新幹線が開業して以来，高速道路網の整備と新幹線の延伸が続いています。

　支出面に続いて生産面の国民所得の構成にも言及する必要があるでしょう。すでに第3章では表3－2に国内総生産から見た産業構造を掲げ，生産面から見た国民所得の構成を詳しく検討しました。そこで，この章では，その主要な検討結果を確認するにとどめましょう。第一に国内総生産に占める第1次産業の比率は一貫して低下を続けます。第二に，第2次産業の比率は前世紀半ばまで上昇を続け，その後，下降に転じます。第三に第3次産業の比率は第1次産業と対照的に一貫して上昇を続けます。

　第3次産業が，いずれにも分類されない，その他の産業分野を含むことは，すでに注意しました。そのため，国内総生産に占める第3次産業の比率の上昇を過度に強調することは適切ではありません。むしろ重要なのは第1次産業の比率の低下です。経済成長の中で第1次産業の地位が相対的に低下し，この傾向は戦後の経済成長過程に関しても変わりません。

　歴史的展開を，やや単純化して表現すれば，経済成長の過程で一般に農業生産の比重が相対的に低下し，その一方で工業製品とサービスの生産の相対的比重が高まります。この過程は，すでに第3章で見た就業構造の変化だけでなく総人口の地理的分布の変化を促すでしょう。

工業化の過程で農業生産が絶対的に縮小するとすれば，それは，農業に従事していた者が先祖伝来の土地を離れることを，特に農業生産の主要な舞台であった農村を離れ，都市に移り住むことを意味します。農業生産から工業製品とサービスの生産への産業構造の変化は歴史上，農村から都市への人口移動と平行して進むでしょう。

都市化の進展すなわち農村から都市への人口移動を統計的に確認することができるでしょうか。多くの人々は農村なり都市なりに対して何らかのイメージを持っていますが，そのイメージは多面的であり，定量的に把握することは困難です。定量的な分析に際しては，現実の都市や農村のどれか1つの特徴に集中する必要があります。

通常は人口密度が指標とされ，人口密度が相対的に高い地域が都市，低い地域が農村に分類されますが，それでも，実際上，全国規模での人口密度のデータを，しかも数十年もの長期にわたって収集することは容易ではありません。

そこで，この章では日本の行政区画を便宜的に都市あるいは農村と見なして農村から都市への人口移動を検証しましょう。図12－6に全人口に占める三大都市圏の人口の比率を示しました。三大都市圏とは東京圏（埼玉県，千葉県，東京都，神奈川県），名古屋圏（岐阜県，愛知県，三重県），大阪圏（京都府，大阪府，兵庫県，奈良県）を指します。もちろん，三大都市圏の外部にも都市が形成され，また三大都市圏の内部にも農村風景が見られるでしょう。それでも，三大都市圏が日本の巨大都市を含む以上，三大都市圏の分析から私たちは日本の都市化の概略を把握できるでしょう。

高度経済成長が始まる以前，三大都市圏の人口比率は全人口の約35％でした。この比率は高度経済成長の末期には45％を超え，その後も上昇を続けます。今日では日本の全人口の約半数が三大都市圏に居住しています。

日本の経済成長は工業化とともに農村から都市への大規模な人口移動を促しました。現在は都市生活を送る多くの家族も，その家系を数世代かをさかのぼれば，農村部に生活拠点を持っていたことでしょう。

経済成長の結果，マクロ経済全体で財とサービスの生産が拡大し，人々の生活は以前より豊かになりましたが，経済成長がもたらしたものは単なる生

図12-6　三大都市圏への人口集中：1950-2005

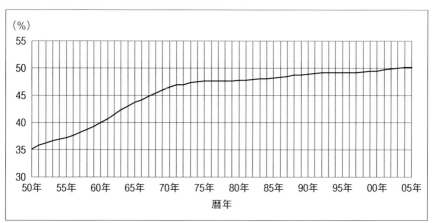

注１：1972年（沖縄返還）以前は沖縄を含まない。
注２：1972年，1973年は沖縄返還による影響が大きい。
注３：国勢調査がない年は補間補正後の推計人口。
出所：総務省「人口推計」。

産の量的拡大ではありません。経済成長の過程で，生産される財とサービスの構成が変化し，人々の労働と消費生活，さらには居住環境が大きく変わりました。現実の経済成長は生産の量的拡大だけでなく生活の質的変化をもたらしました。

第13章
所得格差

　国民所得は毎年の生産活動の成果であり，何らかの形で生産活動に関与した人々の間で分配されます。この章では現代の経済の所得分配を概観し，所得分配の長期動向を検討します。

13.1 分配国民所得

　産業革命以来の経済成長の中で先進工業諸国の経済は年々，豊かになってきました。今日，私たちは産業革命以前と比べれば，はるかに豊かな社会に暮らしています。前の章では経済成長の成果を検証しました。それでは，その成果は社会全体に広く行き渡ったのでしょうか。人々の間で所得格差が広がることはないのでしょうか。

　国民所得が社会的生産の果実である以上，毎年の国民所得は何らかの仕方で社会の構成員の間に分配されるでしょう。第6章ではマクロ経済の基本構造を説明しました。マクロ経済において企業は家計に工業製品などの生産物を提供し，家計は企業に労働をはじめとする生産要素を提供します。もっとも，各種の生産要素のうち，どの生産要素を主として供給するかは家計によって異なります。

　労働者は企業に主として労働を供給して賃金を得ます。投資家は主として資金を供給して利子や配当を取得し，地主は土地用役を提供して地代を得るでしょう。こうして毎年の国民所得は労働者・投資家・地主の間で分配されますが，異なる人々の間での国民所得の分配を所得分配といいます。

　この章では所得分配の問題を考えましょう。毎年の国民所得は社会の構成員の間に，どのように分配されるのでしょうか。また，所得分配は経済成長の過程で，どのように変化してきたのでしょうか。

　最初に所得分配に関する経済統計を解説しましょう。国民所得統計では所得分配に関して3つの稼得所得を区別しています。

第一の所得は雇用者報酬です。社会的生産において労働者は労働を提供して賃金を得ました。雇用者報酬は民間企業，国や地方の行政機関などで働く会社員や公務員，一言で言えば給与生活者が得る所得であり，その大部分は賃金や俸給(ほうきゅう)です。ただし，正確には雇用者報酬に含まれるのは賃金・俸給だけではありません。たとえば，従業員や労働者はたいてい健康保険組合に所属しており，その保険料負担は労使折半となっています。このうち使用者負担分は給与生活者の所得と見なされ，雇用者報酬は賃金・俸給に加え，健康保険等の社会保障の雇主(やといぬし)負担をも含みます。

　第二の所得は財産所得です。潤沢な資産を保有する投資家は，国債や社債，株式等の購入により一層の資産形成に努めるでしょう。国債や社債を保有していれば定期的に債券利子が，株式を保有していれば不定期に配当金が得られることは，すでに第8章で説明しました。また，土地を所有する地主は土地や建物等の賃貸から地代や賃貸料を得るでしょう。財産所得は投資家や株主，地主などが得る所得であり，利子・配当・賃貸料からなります。

　第三の所得は企業所得です。すでに述べたように財やサービスの生産の結果，各企業は，さしあたり財やサービスの生産額から原材料費などを差し引いた付加価値を得るでしょう。こうして企業の生産活動は付加価値を生み出しますが，企業は生産活動に先立って労働者を雇用し，事業資金を調達し，さらに事業用地を確保していました。もちろん，一般に対価を支払うことなしに労働・資本・土地などの生産要素を確保することはできません。企業は，企業が生み出した付加価値の中から労働者に賃金・俸給を，投資家に利子・配当を，地主に賃貸料を支払うでしょう。法人企業の手元には企業利潤が残ります。企業所得は，賃金・俸給や利子・配当・賃貸料など分配所得受払い後に法人企業の手元に残る企業利潤です。

　人々が受け取る所得は，以上の3つの所得で尽くされ，これ以外にはありません。ですから，雇用者報酬，財産所得および企業所得の合計は国民所得に等しくなります。

$$（国民所得）＝（雇用者報酬）＋（財産所得）＋（企業所得）$$

所得分配の結果，国民所得は人々の間に分配され，分配国民所得は所得分配

156 第Ⅱ部 経済変動

表13-1 名目国民所得の分配：2016

項目	実数（10億円）
雇用者報酬	269,084.2
賃金・俸給	228,426.8
雇主の社会負担	40,657.4
財産所得（非企業部門）	23,667.8
一般政府	-2,409.9
対家計民間非営利団体	248.4
家計	25,829.2
利子	5,155.7
配当（受取）	7,596.6
その他の投資所得	10,463.3
賃貸料（受取）	2,613.5
企業所得	98,767.6
国民所得	391,519.5

注：四捨五入により，それぞれの足し上げが合計と一致しない場合がある。
出所：内閣府「2016年度国民経済計算」。

の面から見た国民所得の内訳です。

　それでは現代日本の所得分配は，どうなっているのでしょうか。表13-1に2016年の分配国民所得を示しました。分配国民所得に占める雇用者報酬，財産所得，企業所得の割合に注意しましょう。雇用者報酬，企業所得，財産所得は順に国民所得の約70％，25％，5％を占めます。1人ひとりの労働者は相対的に低い賃金しか得ていないかもしれません。それでも労働者の階層は厚く，雇用者報酬は国民所得の過半を占めます。一方，個々の投資家や地主の所得は相対的に高いにせよ，投資家や地主の階層は薄く，財産所得の割合は雇用者報酬より低くなります。

13.2 所得分配の長期動向

　所得分配の長期動向に関する最初の体系的な実証研究はイギリスの経済学者カルドア（N. Kaldor）によって行われました。カルドアは1950年代，そ

の時点で利用可能な長期統計に基づいて経済成長に関する統計的事実を整理しました[1]。カルドアが整理した経済成長に関する統計的事実は「定型化された事実」(stylized fact) と呼ばれます。もっとも「定型化された事実」は経済成長だけでなく所得分配の長期動向とも深く関わっています。

最初に、カルドアが整理した「定型化された事実」を列挙しましょう。「定型化された事実」は次の6点からなります。これまでの記号法に従って国民所得を Y, 資本を K, 労働を L としましょう。経済成長の過程で
(1) 労働生産性 Y/L は着実に上昇します。
(2) 資本労働比率 K/L も上昇を続けます。

前節で説明したように国民所得統計では分配国民所得は雇用者報酬、財産所得、企業所得から構成されました。いま、雇用者報酬を労働所得 W と言い換え、財産所得と企業所得の合計を資本所得 P と呼べば、国民所得 Y は労働所得 W と資本所得 P に分解されます。

$$Y = P + W$$

労働所得 W は労働 L に対する対価です。それに対し、資本所得 P は労働以外の生産要素に対する対価を一括し、広い意味での資本 K に対する対価であると考えられます。資本所得は結局のところ、利子・配当・地代および企業利潤を含みます。

このように異なる生産要素を一括して取り扱うことは正確さを欠くと感じるかもしれません。しかし、労働所得の長期傾向に関心を向けるとき、少なくとも研究の初期の段階で、この処置は一定の妥当性を持つでしょう。実際、国民所得が長期的に労働所得と資本所得の間に、どのように分割されるかは伝統的に経済成長論の重要な研究課題でした。

さらに資本 K に対する資本所得 P の割合を利潤率 r と呼びましょう。

$$r = \frac{P}{K} \tag{13.1}$$

(3) 利潤率 r は一定です。
(4) 資本産出量比率 K/Y も一定です。

第4章では資本生産性 Y/K を導入しましたが，資本産出量比率 K/Y は資本生産性 Y/K の逆数です。実は直前の2点に対しては近年の実証研究で異論もありますが，最近の議論に関して次の節で再度，言及することにして，もう少し「定型化された事実」の説明を続けましょう。

国民所得 Y に占める労働所得 W の割合と資本所得 P の割合は，それぞれ労働分配率 W/Y と資本分配率 P/Y と呼ばれますが，労働分配率と資本分配率は長期的に，どう変化してきたのでしょうか。

(5) 労働分配率 W/Y も資本分配率 P/Y も一定です。

最後に

(6) 労働生産性 Y/L の上昇率は先進国の間で異なります。

カルドアが整理した経済成長に関する「定型化された事実」は以上の6点ですが，改めて所得分配の観点に立って，これらの統計的事実を検討しましょう。最も注目すべき事実は(5)であり，カルドアによれば，資本と労働の間での国民所得の分配は長期にわたって不変でした。毎年の国民所得は基本的に不変な割合で，生産活動に労働を提供する者と労働以外の生産要素を提供する者の間で分割されました。

それでは，このような所得分配が実現しているのは，なぜでしょうか。実質賃金率を R とすれば，労働所得 W は実質賃金率 R と労働時間 L の積であり，

$$W=RL$$

と書くことができます。したがって労働分配率 W/Y は

$$\frac{W}{Y} = \frac{RL}{Y}$$

となります。労働者は貨幣賃金を支出して日々の生活に必要な各種消費財を購入するでしょう。実質賃金率は，1時間あたりの貨幣賃金すなわち貨幣賃金率でどれだけの量の消費財を購入できるかを表します。

「定型化された事実」の(1)より労働生産性 Y/L が上昇しますから，もし実質賃金率 R が維持されるか，あるいは低下すれば労働分配率 W/Y の低下が

引き起こされるでしょう。労働生産性 Y/L が上昇するとき，実質賃金率 R が上昇しなければ，労働分配率 W/Y は維持されません。実質賃金率 R が労働生産性 Y/L と同率で上昇するとき，労働分配率 W/Y が一定に保たれます。

13.3 ピケティの研究

こうしてカルドアは，経済成長に関する「定型化された事実」を提示し，事実上，所得分配の長期動向に関する実証研究に着手しました。カルドアの貢献は最初に統計データに基づいて所得分配の長期動向を明らかにしたことです。

とはいえ，カルドアが1950年代に利用できた長期統計は限られていましたし，先進工業諸国の経済は，その後，半世紀以上にわたって成長を続けてきました。1960年代以降の経済成長の過程で先進工業諸国の所得分配は，どう変化したのでしょうか。

リーマン・ショック以後，先進工業諸国で国内の所得格差への関心が高まる中でフランスの経済学者ピケティ（T. Piketty）によって2013年に『21世紀の資本』が出版され，世界的なベストセラーになりました[2]。ピケティは，マルクス（K. Marx）による19世紀の大著『資本論』を意識して彼自身の著書の書名を選定していますが，『21世紀の資本』は理論研究と言うより，むしろ所得分配に関する実証研究の書と言うのが適切でしょう。ピケティは，カルドアに始まる所得分配の実証研究を，さらに大きく先に進めました。

1950年代から1960年代にかけて主としてイギリスとアメリカの経済学者の間に，資本概念を巡って有名なケンブリッジ資本論争が起こりましたが，ピケティは，この論争に関連して，そのいずれの側でも歴史的データを十分に活用していないと批判します。その上で『21世紀の資本』では詳細な歴史データに基づいてイギリスとフランスを中心に所得分配の長期動向が提示されました。

さらに所得分配の実証研究では従来，直接に資本所得と労働所得，すなわちフロー（flow）量が計測されました。一定期間で定義される統計量をフローといい，その一方で，一時点で定義される量をストック（stock）とい

います。

　しかしながら，ピケティは基礎データの信頼性に関連してストック量の推計がフロー量の推計より精度が高いと主張し，資本ストックの長期推計を試みました。クズネッツによる先駆的な研究以来，フロー量の長期動向に関する実証研究は相当に豊富ですが，ストック量に関して実証研究は，手付かずに近い状態でした。ピケティの貢献は何よりもストック量の長期推計を行った点にあります。

　それでは，ストック量の推計から，どのようにして所得分配の長期動向が得られるのでしょうか。前節で述べた利潤率の定義（13.1）より，資本分配率P/Yは

$$\frac{P}{Y} = \frac{rK}{Y}$$

と書くことができます。したがって，利潤率rが与えられれば，資本産出量比率K/Yから資本分配率P/Yの値を導くことができるでしょう。利潤率に関しては証券市場の各種統計などから比較的容易にデータを収集することができます。

　所得分配に関して『21世紀の資本』の主要な研究成果を概観しましょう。最初に，図13-1にイギリスとフランスの資本分配率の変動を示しました。すでに述べたようにイギリスでは18世紀末に，フランスでは19世紀に入って産業革命が起こりました。それぞれのグラフは各国の産業革命以後の資本分配率の変化を示します。

　18世紀後半から19世紀末まで利潤率rは約5％から6％の範囲にとどまる一方，資本産出量比率K/Yは6から7の範囲で，ほぼ一定の値を保ち，資本分配率P/Yはイギリスでもフランスでも概ね35％から40％の範囲を動いていました。

　20世紀に入ると，この状況に変化が生じます。20世紀半ばに利潤率rは7％から8％に上昇する一方，資本産出量比率K/Yは第一次世界大戦以後から急激に低下を始め，1950年代には，ついに2から3の範囲に至りました。その結果，資本分配率P/Yはどちらの国でも20世紀半ばに，約20％から

図13-1 主要国の資本分配率：1770-2010

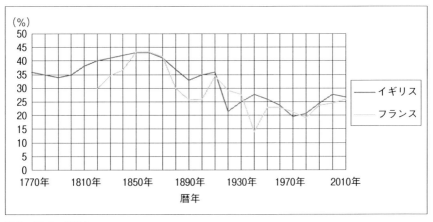

出所：Piketty [2014].

25％の範囲まで落ち込みました。

しかしながら，資本産出量比率 K/Y の低下傾向は持続しません。20世紀後半から21世紀初めにかけて利潤率 r が4％から5％に低下する一方で，資本産出量比率 K/Y が，1950年以降，上昇を続けた結果，5から6の範囲にあり，資本分配率 P/Y は約25％から30％の範囲まで回復しました。2010年現在でイギリスとフランスの資本分配率 P/Y は，19世紀初めの水準をわずかに下回る水準にあります。

イギリスとフランス以外の主要国で200年以上にわたる長期統計を得ることは困難ですが，ここ数十年に限れば，両国以外の主要国の資本分配率を参照することもできます。『21世紀の資本』は，先進工業諸国8カ国に関して1975年から2010年にかけての資本分配率を調査しました。もっとも，調査対象を拡大しても，イギリスとフランスに関して指摘した基本的傾向は変わりません。ピケティによれば，1980年代以降，先進工業諸国8カ国で資本分配率の上昇が加速します。資本分配率が上昇し，労働分配率が低下するとき，資本と労働の間で所得格差が拡大するでしょう。

カルドアの実証研究では資本と労働の間の所得分配は長期的に不変でした。資本分配率や労働分配率は，経済成長率や物価上昇率のように年ごとに計測

値が大きく変動することはありませんから，国民所得統計が整備され始めた初期の時点で研究者が比較的短い期間のデータだけを見て，経済成長の過程で基本的に所得分配の状況が変わらないと判断しても無理からぬことだったかもしれません。

しかし，ピケティは所得分配に関して200年近くにもわたる精度の高い長期統計を整備することに成功しました。経済成長の過程で所得分配は不変ではありません。

18世紀後半から19世紀末まで比較的高い水準を保っていた資本分配率は20世紀に入って低下を始め，20世紀半ばごろに，それまでの最低水準を記録します。しかし，その後，資本分配率は上昇に転じました。

ピケティによれば，資本と労働の間での国民所得の分配は，第一に資本と労働の間の技術代替に，第二に労働に対する資本の交渉力に依存して変化します。

13.4 現代日本の所得格差

すでに述べたように『21世紀の資本』は先進工業諸国8カ国の所得分配の動向を調べ，過去30年ほどの間に，資本分配率の上昇傾向が見られると主張しました。ピケティの調査対象には日本も含まれますが，改めて日本の所得分配を検討しましょう。日本に関してもピケティが主張するように資本分配率の上昇傾向が認められるでしょうか。

再度，分配国民所得に立ち返りましょう。私たちは，すでに日本の分配国民所得に言及し，表13-1に2016年の分配国民所得を示しました。雇用者報酬を労働所得Wと，財産所得と企業所得の合計を資本所得Pと見なせば，2016年の時点での日本の労働分配率W/Yは約68.7％，資本分配率P/Yは約31.3％になります。表13-1からわかるのは2016年の所得分配だけですが，それ以前に日本の所得分配は，どのような状況だったのでしょうか。

同様にして毎年の国民所得統計から労働分配率と資本分配率の水準を知ることができます。図13-2に，1994年から2016年までの日本の所得分配を示しました。図13-2のグラフを見て資本分配率の上昇傾向を指摘できるで

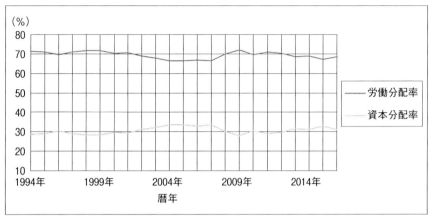

図13－2　日本の所得分配：1994－2016

出所：内閣府「2016年度国民経済計算」。

しょうか。

　『21世紀の資本』は1975年から2012年までの計測値を取り扱う一方，この節は1994年から2016年までの統計を提示しており，両者の調査期間は一致しません。また国民所得統計はフロー量ですが，ピケティは，すでに述べたようにストック量を基礎に毎年の資本分配率を推定しました。とはいえ，過去20年間の動向に限れば，日本の資本分配率に明確な上昇傾向を認めることは困難です。むしろ資本分配率は30％近辺に停滞しているように見えます。

　もう少し詳しく見てみましょう。1990年代を通じて，一部の例外を除いて30％を下回っていた資本分配率は2002年から30％を超え，2007年まで33％前後を維持しました。ところが，2009年に再び30％以下に低下します。さらに2013年以降は30％を超える年が続きます。1990年代後半から2010年代前半までの時期の資本分配率は，はっきりとした上昇傾向も低下傾向も持ちません。

　こうして過去20年間において，資本と労働の間での国民所得の分配に大きな変化は見られませんが，それでは日本経済の所得分配に深刻な問題は何も起きていないのでしょうか。

　資本分配率の代わりに労働分配率に注意しましょう。もちろん資本分配率 P/Y と労働分配率 W/Y の和は常に1であり，また労働分配率 W/Y は実質

図13－3　実質賃金指数：1994-2017

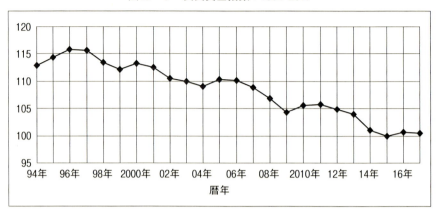

注：規模5人以上，現金給与総額。2015年を100とする。
出所：厚生労働省「2017年度毎月勤労統計調査」。

賃金率Rと労働係数L/Yの積で表されました。

$$\frac{W}{Y} = \frac{RL}{Y}$$

　それでは実質賃金率は，どう変動したのでしょうか。**図13－3**には，1994年から2017年までの実質賃金指数の動向を図示しました。

　日本において実質賃金率は，この20年近くで，ほぼ一貫して下がり続け，2017年に実質賃金率は1994年と比べて10％ほど低下しました。このことは，以前と同じ時間だけ働いても，労働者が購入できる消費財の総量は10％ほど減少することを意味します。

　最近20年間，日本では労働分配率が概ね維持される一方で，実質賃金率が低下しました。2つの事実は相容れないのでしょうか。そうではありません。たとえ実質賃金率Rが低下しても，マクロ経済全体で労働生産性Y/Lが低下して純生産物1単位あたりの労働時間L/Yが延長されれば，労働分配率W/Yが維持されるでしょう。

注：

(1) Kaldor, N., "Capital Accumulation and Economic Growth", in F. A. Lutz and D. C. Hague, (ed.) *The Theory of Capital*, Macmillan, 1961.
(2) Piketty, T., *Capital in the Twenty-First Century*, Harvard University Press, 2014（山形浩生，守岡桜，森本正史訳『21世紀の資本』，みすず書房，2014年）．フランス語の原著は2013年に出版されました。

第14章
少子高齢化

　産業革命以来の経済成長は人口成長にも大きな影響を及ぼしました。この章では代表的な経済成長理論における人口成長に対する見方を紹介した後，現実の経済成長過程で人口動態や人口の年齢別構成がどのように変化したかを説明します。

14.1 経済成長の条件

　第12章では経済成長を取り上げ，続く第13章では経済成長の過程での所得分配の動向を論じました。経済成長の結果，各国の国民所得水準は向上し，国民所得を構成する財やサービスの種類と構成比も移り変わりました。さらに経済成長は各国の所得分配にも影響を及ぼしました。とはいえ，経済成長の影響は，そればかりではありません。

　第12章ではマクロ的生産関数を導入しました。マクロ経済全体で資本設備 K と労働 L が投入されて純生産物 Y が産出されるとき，純生産物 Y は資本設備 K と労働 L の組 (K, L) の関数であると考えられます。

$$Y = F(K, L) \tag{14.1}$$

この関数はマクロ的生産関数と呼ばれました。

　現時点で利用可能な生産手段はいずれも過去の生産活動の成果であり，歴史上のいつの時点でも生産開始に際して生産手段の量は所与です。近代社会でも，人々は生産開始の時点で過去から引き継いだ資本設備を活用して新たな生産に取り組みます。この特定の時点を時点0としましょう。時点0では資本設備 K_0 と労働 L_0 が与えられており，近代社会は，マクロ的生産関数 (14.1) に従って純生産物 Y_0 を生産するでしょう。時点0で純生産物 Y_0 が生産されれば，その一部は消費され，残りは貯蓄されます。

　それでは次の時点で生産活動は，どうなるでしょうか。時点1でも同様の

生産活動が行われますが，この時点での与件はもはや資本設備 K_0 と労働 L_0 ではありません。いま説明を簡単にするために全人口が就業していると仮定しましょう。人口成長の結果，人口が増え，労働は増大するでしょう。人口成長率を n とすれば，時点1での労働 L_1 は

$$L_1 = (n+1)L_0$$

となります。

　次に純生産物 Y_0 のうち，消費されなかった部分は貯蓄されますが，貯蓄された生産物は追加の資本設備として有効に活用され，貯蓄と投資が常に等しいとしましょう。やはり説明を簡単にするために純生産物 Y_0 の一定割合 s が貯蓄されると仮定すれば，時点0での投資 I_0 は

$$I_0 = sY_0$$

になります。投資 I_0 の結果，資本設備 K_0 に新たな機械や生産設備が追加されれば，時点1での資本設備 K_1 は

$$K_1 = K_0 + I_0$$

に増加するでしょう。

　経済成長が続くとき，資本設備と労働は，もはや一定ではありません。人口は一定の伸び率 n で成長を続け，また資本設備も設備投資の結果，拡大します。もっとも設備投資 I_0 は直接には純生産物 Y_0 に依存します。資本設備の拡大は必ずしも人口成長と同率ではなく，一般に経済成長率は人口成長率 n に一致しません。

　それでは，このまま経済成長が続いた結果，マクロ経済の状況は，どう変化するでしょうか。特に経済成長率はどのように推移するでしょうか。

　仮に時点0で資本設備 K_0 が労働 L_0 と比べて少なく資本労働比率 K_0/L_0 が低かったと想定しましょう。このとき，資本設備 K_0 が相対的に少ないために資本生産性 Y_0/K_0 は高く，一方，労働 L_0 が相対的に多いために労働生産性 Y_0/L_0 は低くなります。貯蓄率 s が一定である限り，資本生産性 Y_0/K_0 が十分に高ければ，資本成長率 I_0/K_0 は人口成長率 n を上回るでしょう。

時点0で資本設備が相対的に少なければ，その後，資本設備は人口に比べて急速に増加していくでしょう。すなわち，当初は低かった資本労働比率 K/L の上昇が引き起こされます。

逆に時点0で資本設備 K_0 が労働 L_0 と比べて多く資本労働比率 K_0/L_0 が高かったと仮定しましょう。このとき，資本設備 K_0 が相対的に多いために資本生産性 Y_0/K_0 は低く，一方，労働 L_0 が相対的に少ないために労働生産性 Y_0/L_0 は高くなります。貯蓄率 s が一定である限り，資本成長率 I_0/K_0 は人口成長率 n を下回るでしょう。時点0で資本設備が相対的に多ければ，その後，資本設備は増加するにしても人口に比べて緩やかにしか増加しないでしょう。当初は高かった資本労働比率 K/L の低下が生じます。

どちらの場合でも資本労働比率が調整されることに注意しましょう。初期時点で資本設備が労働に比べて少ないにせよ多いにせよ，今日の代表的な経済成長の理論である新古典派経済成長理論（neoclassical growth theory）によれば，資本蓄積が繰り返され，経済が成長する過程で，資本労働比率 K/L は，貯蓄率 s と人口成長率 n によって定まる一定の値に近づきます。

資本労働比率 K/L が一定に保たれる経済成長経路を均斉成長経路（balanced growth path）といいますが，均斉成長経路上では資本設備も労働も，したがって国民所得も同一の率で成長を続けるでしょう。均斉成長経路上では経済成長率は人口成長率 n に等しくなります。

歴史上の特定の時点で，マクロ経済における資本設備と労働の賦存量は所与ですが，経済成長の過程では資本設備も労働も一定ではありません。全人口が就業しているとき，労働は人口と同率で増加しました。

また資本設備も資本蓄積の結果，拡大を続けますが，その伸び率は一般に人口と同率ではありません。しかしながら，資本設備の伸び率が人口成長率と異なるとき，資本設備の伸び率は経済成長の過程で人口成長率に近づくよう調整されるでしょう。

最も単純な新古典派経済成長理論では国民所得は短期的に人口と異なる伸び率で増加するにしても，長期的に人口成長率と同率で成長を続け，経済成長率は所与の人口成長率に等しくなります。経済成長は長期的に人口成長によって説明され，人口成長は長期的な経済成長の動力です。決して人口成長

が経済成長の帰結ではありません。

　本質的な部分に限れば，新古典派経済成長理論の内容は上述の通りですが，この理論の拡充と適用について若干，触れておきましょう。

　第一に私たちは，すでに第12章で戦後日本の経験に照らして経済成長の要因を探りました。日本の人口は戦後の経済成長過程で持続的に増大し，人口成長は経済成長の重要な要因であることが確かめられます。とはいえ，人口成長だけで戦後日本の経済成長のすべてを説明できないことも指摘しました。人口成長とともに技術進歩が生じ，労働生産性の上昇は経済成長率を人口成長率以上に引き上げました。

　新古典派経済成長理論も，この事実に注意を払い，技術進歩を議論に取り入れます。資本設備と純生産物が同率で拡大する均斉成長経路上での労働生産性の変化率を技術進歩率と呼びます。より洗練された議論では国民所得は長期的に人口成長率と技術進歩率の和と同率で成長を続け，経済成長率は人口成長率と技術進歩率の和に等しくなります。

　第二に，現実には人口成長率も一定ではありませんが，この点は新古典派経済成長理論の結論と矛盾しません。新古典派経済成長理論において人口成長率は所与ですが，その理由は突き詰めれば，人口成長が経済的要因の影響を受けないからです。この理論は，自然的，政治的あるいは文化的要因の影響を受けて人口が変動することを決して否定しないでしょう。

14.2 日本の人口成長

　前節では今日の代表的な経済成長理論における人口に対する見方を説明しましたが，現実の人口成長は，どうなっているのでしょうか。新古典派経済成長理論が想定するように人口成長率は長期的に一定の値をとるのでしょうか。

　私たちは，すでに第12章で戦後日本の経済成長を分析した際，同時期の人口成長に触れました。図12－3には1956年から現在までの人口成長率の変化が示されました。

　もっとも，各国の人口変動は場合によっては，国境線の変更や移民の流出

図14－1　日本の出生率と死亡率：1880-2015

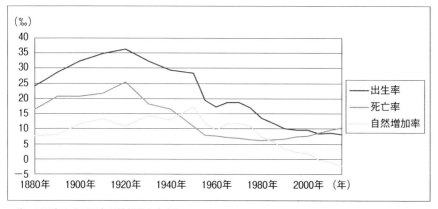

注：1947年から1972年は沖縄県を含まない。
出所：国立社会保障・人口問題研究所「人口統計資料集2018年版」。

入などによる人口の社会的増減を含んでいました。このような人口の社会的増減は，多くの場合，偶発的な諸事情に左右され，人口の長期動向と基本的に無関係であると考えられます。

　この節では改めて，偶発的な諸事情に左右されない人口成長を検討しましょう。この節で検討するのは，出生数から死亡数を差し引いた自然増加です。**図14－1**に1880年から2010年までの日本の出生率と死亡率および自然増加率を示しました。

　最初に自然増加率に注目しましょう。1880年に7.7‰（パーミル）であった自然増加率は，1950年には17.3‰に達しました。19世紀の終わりから20世紀半ばまでの間，自然増加率は緩やかに上昇を続け，人口の自然増加が加速します。1950年を過ぎると，自然増加率の低下が始まり，自然増加率は1980年に7.3‰に，2000年に1.8‰にまで落ち込みました。

　それでも，自然増加率が正である以上，人口減少は起こりません。20世紀後半，自然増加率は徐々に低下しますが，人口は減速しつつも，なお自然増加を続けます。しかし，21世紀に入って間もなく自然増加率はマイナスになり，2010年の自然増加率は－1.0‰でした。自然増加率が引き続いて低下する中で，人口の自然増加は，ついに自然減少に転じました。

すでに述べたように自然増加は出生数から死亡数を差し引いた値であり，自然増加率は出生率と死亡率の差です。次に出生率と死亡率の動向を確認しましょう。1880年から1920年まで出生率と死亡率は，どちらも増加していますが，出生率は死亡率より多少とも速く上昇しており，その結果，自然増加率も緩やかに上昇します。1920年を過ぎると，出生率と死亡率はともに減少に向かいます。今度は死亡率が出生率より急角度で低落しており，自然増加率の緩やかな上昇傾向は1950年まで続きました。

1950年頃から出生率と死亡率の低落速度の大小関係に逆転が生じます。出生率は，ほぼ以前と変わらない速度で低落を続けますが，死亡率は1950年を過ぎると，低落傾向に歯止めがかかり，ほとんど水平に推移します。その結果，1950年以降，自然増加率は，主として出生率の動向を反映する形で低下に向かいました。

1980年以降，出生率は低下を続ける一方で，死亡率が微増に転じ，2000年から死亡率が出生率を上回るようになります。こうして21世紀に入って自然増加率はマイナスの領域に沈みました。

14.3 産業革命の影響

偶発的な事情を除去したとしても，日本の人口成長率は決して一定ではありません。事実，日本の人口の自然増加率は20世紀半ばまで上昇を続け，その後，反転しました。人口成長率は明らかに変動していますが，この変動の背後に何があるのでしょうか。人口成長率の上昇と下落は自然的，政治的あるいは文化的要因によって引き起こされたのでしょうか。それとも，人口成長率の上昇と下落の背後に何か経済的要因が隠されているのでしょうか。

前節では1880年から2010年までの間の日本の出生率，死亡率および自然増加率の動向を分析しました。最初に，前節の分析結果に基づいて日本の人口成長に時期区分を導入し，それぞれの時期の特徴を明確にしましょう。

再度，図14－1に戻れば，日本の人口成長における若干の転換点に気づくでしょう。1880年から上昇を続けてきた出生率と死亡率はどちらも1920年を境に下落に転じます。明らかに第1の転換点は1920年であり，図14－1の対

象期間に限れば，1880年から1920年までが第1期です。人口成長の第1期，出生率と死亡率はともに対象期間全体を通じて比較的高い水準を保ちました。

　第1の転換点を過ぎると，出生率と死亡率は，そろって低下に向かいます。ただし，すでに述べたように死亡率の低下は出生率の低下より速く，その結果，自然増加率は第1期と同様，上昇傾向を持ちます。しかし，1950年には自然増加率も反転します。第2の転換点は1950年であり，1920年から1950年までが第2期です。人口成長の第2期，出生率と死亡率はともに下落しました。

　第2の転換点以降を第3期としましょう。1950年以降，出生率は，それまでとほぼ同じ速度で低下しますが，死亡率は低位で安定します。出生率が引き続き低下する一方，死亡率が下げ止まった結果，第3期には自然増加率も低下します。ともあれ，第3期に入ると，出生率も死亡率も，かなり低い水準で推移します。

　整理すれば，第1の転換点より前，日本社会では出生率も死亡率も高く，日本の人口は人口成長の第1期，多産多死の状態にありました。

　第1の転換点を過ぎると，出生率も死亡率もともに低下し，人口成長の第2期は人口動態の移行期に当たると考えられます。

　さらに，第2の転換点を経て死亡率が低位で安定すると，移行期が終了します。日本社会では人口減少が始まるまで出生率も死亡率も低く，日本の人口は人口成長の第3期，少産少死の状態に至りました。

　それでは，このような多産多死から少産少死への変換の背後に何があったのでしょうか。私たちは，すでに，同時期に起きた広範な社会的変化を知っていますが，人口動態の変化は，この社会的変化と無関係でしょうか。

　第1章では各国への産業革命の波及に関連して日本の産業革命に触れ，日本でも，他の先進工業諸国と同様，産業革命を経て近代社会が確立したと述べました。再度，日本の産業革命の時期に注意しましょう。日本の産業革命は通常，1880年代前半に始まり，1910年頃まで続くと考えられていますが，第1の転換点である1920年は，日本の産業革命が終了した直後に当たります。産業革命が終結し，その成果が社会に浸透し始めると同時に，人口成長における移行期が始まります。

おそらくは、第2の転換点である1950年頃には、産業革命の社会的影響が社会の隅々に行き渡ったのでしょう。第2の転換点を経て移行過程が終了し、日本社会は少産少死の社会に入ります。

多産多死から少産少死に至る一連の人口動態の変化は通常、人口転換 (demographic transition) と呼ばれますが、実は人口転換は日本社会に限りません。多くの先進工業諸国は人口転換を経験し、先進工業諸国の経験は人口転換モデルに総括されました。

標準的な人口転換モデルでは死亡率の低下は出生率の低下に先行し、その点に産業革命期直後の一時的な人口増大の要因が見出されました。すでに述べた日本の人口成長は基本的に人口転換モデルに一致していますが、日本の人口成長では出生率の低下が死亡率の低下と同時に引き起こされたことが特徴的です。

14.4 少子化と高齢化

国民所得が異なる財やサービスから構成されるのと同様、人口も、異なる年齢階層から構成され、内部構成を持ちます。この節では総人口に続いて年齢別人口構成に注意を向けましょう。

表14-1 に1884年から2016年までの年齢別人口構成を提示しました。総人口は、0歳以上14歳以下、15歳以上64歳以下、65歳以上の3つの年齢階層から構成されます。このうち、0歳以上14歳以下の年齢階層が子供、65歳以上の年齢階層が高齢者と見なされます。1884年以来、日本の年齢別人口構成は、どう変化したでしょうか。

最初に、総人口に占める0歳以上14歳以下の年齢階層の比率に注目しましょう。1884年の時点で、0歳以上14歳以下の年齢階層は総人口の31.6%を占めますが、その後、徐々に上昇を続け、1920年に36%を超えて1950年まで35%以上の比較的高い水準を保ちます。この時期が、前節で確認したように人口の自然増加率が上昇傾向を示していた時期であることに注意しましょう。

ところが、1955年を過ぎると、0歳以上14歳以下の年齢階層の割合は低下し始めます。この年齢階層の構成比は以後、一貫して下がり続け、2000年に

表14－1　年齢別人口構成：1884-2016

年次	構成比（％）		
	0～14歳	15～64歳	65歳以上
1884年	31.6	62.6	5.7
1888年	33.7	60.8	5.5
1898年	32.8	61.7	5.5
1908年	34.2	60.5	5.3
1920年	36.5	58.3	5.3
1930年	36.6	58.7	4.8
1940年	36.7	58.5	4.8
1947年	35.3	59.9	4.8
1950年	35.4	59.7	4.9
1955年	33.4	61.3	5.3
1960年	30.0	64.2	5.7
1965年	25.6	68.1	6.3
1970年	23.9	69.0	7.1
1975年	24.3	67.7	7.9
1980年	23.5	67.3	9.1
1985年	21.5	68.2	10.3
1990年	18.2	69.5	12.0
1995年	15.9	69.4	14.5
2000年	14.6	67.9	17.3
2005年	13.7	65.8	20.1
2010年	13.1	63.3	22.8
2015年	12.5	60.0	26.3
2016年	12.4	60.3	27.3

注１：各年10月１日現在。1947年から1970年は沖縄県を含まない。
注２：1884年は１月１日現在で皇族人員を含む。1888年，1898年，1908年は12月31日現在の本籍人口。
　　　1940年と1947年は国勢調査結果に基づく補正人口。2016年は総務省統計局による推計。
出所：総務省統計局「国勢調査報告」，「日本長期統計総覧」および「人口推計」。

入ると15％を切りました。その後も，この年齢階層の構成比は下げ止まることなく2016年には12.4％まで低下しました。総人口に占める子供の割合は年々，低下し，実際，少子化が進行しているのが確かめられます。

　この章では，これまで19世紀以降の日本の出生率，死亡率および自然増加

表14－2　乳幼児死亡率：1900-2016

年次	乳児死亡率（‰）	幼児死亡率（‰）
1900年	155.0	
1910年	161.2	
1920年	165.7	
1930年	124.1	89.7
1940年	90.0	
1950年	60.1	40.1
1960年	30.7	16.6
1970年	13.1	7.5
1980年	7.5	3.9
1990年	4.6	2.5
2000年	3.2	1.8
2010年	2.3	1.3
2016年	2.0	1.0

注1：乳児死亡率は生後1年未満の死亡。出生1,000に対する率。幼児死亡率は生後5歳未満の死亡。年齢別人口1,000に対する率。分母人口は，1930年は総人口，1950年以降は日本人人口。年齢不詳は按分して用いた。
注2：1947年から1970年は沖縄県を含まない。
出所：厚生労働省「人口動態統計」。

率について統計的事実を概観してきました。3つの人口指標のうちで少子化と直接，関連している人口統計は出生率でしょう。言うまでもなく出生率の低下は，新生児数の減少を通じて，総人口に占める子供の割合を引き下げます。

　おそらく出生率には，生物学的に定まる潜在的な最大値が存在するでしょうが，現実の出生率が，その値に近づくことはめったにありません。現実の出生率は潜在的な最大値を大幅に下回り，出生率の動向は生物学的要因ではなく社会的要因に左右されます。ここでは出生率の動向に影響を及ぼす若干の要因を列挙しましょう。

　第一に乳幼児死亡率の低下が考えられます。表14－2には乳幼児死亡率の変化を示しました。乳児は生後1年未満の子供ですが，1920年まで160‰前後だった乳児死亡率は1940年に100‰を切ったのを契機に10年ごとに加速的

に低下し続け，2016年にはわずか2‰まで下がりました。また，生後5年未満の子供である幼児に関しても同様の死亡率の低下が確かめられます。1930年に89.7‰だった幼児死亡率も1950年には，その半分に下がり，以後も急速に低下します。2016年には幼児死亡率は1.0‰まで下がりました。

　もちろん，乳幼児死亡率の低下は，それ自体では0歳以上14歳以下の年齢階層の構成比を引き上げます。しかし，乳幼児死亡率の大幅な低下は出生率の低下と無関係ではありません。体力の弱い新生児にとって生後5年を生き延びることは決して容易なことではなく，20世紀前半においてさえ同年齢の4％もの幼児が，この5年間に命を落としました。成人年齢を迎える子供が少ない時代であれば，両親は今日より多くの子供を持とうとしたにちがいありません。

　一方，医療技術の進歩や1人あたり所得の向上により乳幼児死亡率が大幅に低下すれば，以前より多くの新生児が生後5年を生き延び，成人に達するでしょう。各家庭は以前ほど多くの子供を育てなくても家系を維持することができるでしょう。乳幼児死亡率の低下は出生率の低下と結びつくと考えられます。

　第二に児童労働の消滅です。工業化が進展する以前，広い意味の農業生産において大人だけでなく子供も生産活動の一端を担っていました。実際，農作業において補助労働力として，あるいは労働技能を習得するために男子は除草や草刈り，荷物の運搬，田植え，稲刈りなどを手伝い，また家庭内において女子は家の掃除，水汲み，子守などの仕事を担当していたのです。多くの家計で子供は貴重な労働力であり，義務教育制度が創設された当初，一部の親は貴重な労働力が奪われることを恐れて子供を小学校に通わせるのを嫌がるほどでした。

　しかしながら，工業化が進展すると，すでに述べたように産業構造に占める広い意味の農業生産の比重が低下します。子供を補助労働力として活用してきた農林水産業の縮小の中で児童労働の必要がなくなれば，家計にとって多くの子供を持つ経済的動機は低下するでしょう。子供には児童労働よりも高い学歴が求められるようになりました。

　もちろん，出生率が低下した要因は，それだけではありません。他にも結

婚年齢や出産年齢の上昇が指摘されますが，やはり経済成長によって引き起こされた社会的変化を反映していると考えられます。

次に，**表14－1**における総人口に占める65歳以上の年齢階層の比率に焦点を当てましょう。1884年に時点で，65歳以上の年齢階層は総人口の5.7％を占めました。65歳以上の年齢階層の構成比は，その後，わずかながら減少しますが，1960年まで大きな変化はありません。この年齢層の構成比は4％台後半から5％台前半で安定していました。

ところが，1960年を過ぎると，65歳以上の年齢階層の構成比は上昇し始めます。1960年から，この年齢階層の構成比は一貫して上昇を続け，2005年に20％を，さらに2015年には25％を超えました。総人口に占める65歳以上の年齢階層の比率を高齢化率と呼びますが，高齢化率が7％，14％，21％を超えれば，それぞれ高齢化社会，高齢社会，超高齢社会になります。日本は1970年に高齢化社会に，1995年に高齢社会に，2010年に超高齢社会になりました。

もっとも，高齢化の指標は高齢化率ばかりではありません。**表14－3**に1921年から2015年までの平均寿命を掲げました。平均寿命は，出生の時点で，新生児が以後，どれほど生きられるか，その期待値を表します。

1921年から1925年の間，日本国民の平均寿命は男性が42.06歳，女性が43.20歳でした。その後，国民の平均寿命は延び続け，1955年に男女ともに60歳を超えました。平均寿命の延びは1955年以後も止まりません。2015年の時点で日本国民の平均寿命は男性が80.75歳，女性が86.99歳に達しました。

それでは何が平均寿命を高め，高齢化率を引き上げたのでしょうか。もちろん平均寿命の延びは死亡率の低下の直接的結果です。特に，近代以前において乳幼児の死亡率は他の年齢階層の死亡率に比べて著しく高く，乳幼児の死亡率の低下は平均寿命を大幅に引き上げました。

死亡率の低下には，いくつかの要因が考えられます。たとえば上下水道の整備，労働者の栄養状態の改善，医療技術の進歩や公衆衛生の進展などの要因が指摘されますが，いずれにしても，その背景に1人あたり所得の向上があることは間違いないでしょう。社会の高齢化もまた1人あたり国民所得が持続的に上昇する近代経済成長の1つの帰結であることがわかります。

代表的な経済成長理論において人口成長は経済成長の与件でした。しかし，

表14－3　平均寿命：1921-2015

年　次	平均寿命（年）	
	男	女
1921-1925年	42.06	43.20
1926-1930年	44.82	46.54
1935-1936年	46.92	49.63
1947年	50.06	53.96
1950-1952年	59.57	62.97
1955年	63.60	67.75
1960年	65.32	70.19
1965年	67.74	72.92
1970年	69.31	74.66
1975年	71.73	76.89
1980年	73.35	78.76
1985年	74.78	80.48
1990年	75.92	81.90
1995年	76.38	82.85
2000年	77.72	84.60
2005年	78.56	85.52
2010年	79.55	86.30
2015年	80.75	86.99

出所：内閣統計局および厚生労働省「完全生命表」。

現実には逆に経済成長が長期的に出生率と死亡率の変化を通じて自然増加率を動かし，さらに人口の年齢別構成に影響を及ぼしました。

第15章
環境問題

　少子高齢化と並んで，自然環境の破壊も多くの人々が関心を寄せている社会問題です。この章では経済学における環境問題への典型的な対応を説明し，さらに地球環境問題と経済成長の関係を考えます。

15.1　環境問題の発生

　前の章では現代日本の少子高齢化を取り上げ，この問題が経済成長と深く関わっていることを明らかにしました。現代日本において多くの人々が関心を寄せているもう1つの問題に環境問題があります。

　経済学は従来，環境問題にどのように対応してきたのでしょうか。また環境問題は，これまで本書が議論してきた経済成長と無関係なのでしょうか。この章では経済学における環境問題への典型的な対応を説明し，さらに地球環境問題と経済成長の関係を考えましょう。

　最初に明治維新から現在までの日本の環境問題を概観しておきましょう。表15－1に明治維新以来の日本の環境問題を整理しました[1]。足尾銅山鉱毒事件に代表されるように，日本では，すでに1890年代から鉱業所や工場からの有害なガスや汚染水の排出が社会問題になりました。一般に日本の産業革命が1880年代前半から始まり，1910年頃まで続くと考えられていることは繰り返し述べました。日本では，まさしく産業革命の開始とともに大気汚染や水質汚濁など深刻な環境破壊が発生し，自然環境の破壊が社会問題になったのです。

　1950年代後半から1970年代まで日本経済は高度経済成長を経験しました。高度経済成長期，大気汚染や工場排水による河川や海洋の汚染，地盤沈下や騒音などは公害と呼ばれ，国内各地に公害被害が拡大するとともに公害病が引き起こされました。熊本県水俣市を中心に発生した水俣病や富山県婦中町（現富山市）を中心に発生したイタイイタイ病は，この時期に引き起こされ

表15-1　日本の環境問題：1890-2016

年	事項
1891年	足尾銅山鉱毒問題の国会提起
1907年	別子銅山四阪島精錬所の亜硫酸ガス被害
1911年	日立銅山亜硫酸ガス被害
1955年	イタイイタイ病に関する学会報告
1956年	水俣病発生の公式発表
1961年	四日市ぜんそく患者の発生
1964年	新潟県阿賀野川下流で水俣病発生
1967年	公害対策基本法制定
1971年	環境庁設置
1972年	ローマクラブ,「成長の限界」発表
1978年	自動車排出ガス規制施行
1985年	ウィーン条約採択（オゾン層保護）
1987年	モントリオール議定書採択（オゾン層破壊物質削減）
1988年	気候変動に関する政府間パネル（IPCC）設置
1992年	国連環境開発会議（地球サミット）開催
1993年	生物多様性条約発効
1997年	京都議定書採択（温室効果ガス排出抑制）
2001年	環境省設置
2005年	京都議定書発効
2015年	パリ協定採択（新しい温暖化対策の枠組み）
2016年	パリ協定発効

出所：石井邦宜［2002］，井上堅太郎著［2006］等。

た典型的な公害病です。経済成長が加速し，国民生活が年々，豊かになっていった時期，地方では海岸や干潟が埋め立てられ，山林が切り開かれ，都市で大気や海，河川の汚染が進み，住民の健康被害が広がります。

公害被害の拡大や公害病の発生の中で1967年に公害対策基本法が制定され，1971年に環境庁が設置されました。

1980年代に入ると，環境問題は新たな段階へ進みます。1980年代以降，活発に議論された環境問題はもはや1つの地域，1つの国の環境破壊ではありません。国境を越えた環境問題が，さらに地球規模での環境問題が議論の対

象になります。

　1987年には，オゾン層破壊物質削減を目指したモントリオール議定書が採択され，1988年には気候変動に関する政府間パネル（IPCC）が設置されました。気候変動に関する政府間パネルは1990年に地球温暖化に関する科学的評価を報告し，さらに1997年に，科学的評価を基に温暖化ガスの削減目標を定めた京都議定書が採択されました。もっとも，従来型の環境破壊も決してなくなりません。現在でも発展途上国を中心に公害被害が続いています。

　確かに環境問題は決して近代社会に限定されません。前近代社会においても毎年の耕作により土地の肥沃度が低下し，また野放図な狩猟によって生物資源が激減しました。さらに森林の乱伐によって１つの文明が危機に瀕したこともありました。けれども，一般に近代社会における自然破壊は，その規模と影響において前近代社会の自然破壊を，はるかに上回ります。どんな人間の生産活動も自然環境に多少とも負荷をかけますが，産業革命は以下に示すように，その負荷を飛躍的に高めたのです。

15.2　資源配分の失敗

　近代社会における生産活動は有用な財を社会に供給する一方で，人体に有害な汚染物質を放出し，自然環境を傷つけてきました。生産活動によって生じる環境破壊もまた経済問題の１つです。経済学は，この問題にどう取り組んできたのでしょうか。

　有害なガスの放出や工場排水によって水と空気が汚されれば，近隣住民の生活環境は悪化し，住民の便益が低下するでしょう。あるいは汚染物質を除去するために処理装置が設置され，その費用負担が生じるかもしれません。経済学では，生産費用などに加えて環境破壊による住民の便益の低下や汚染物質の除去費用を含む総費用を社会的費用と見なします。

　とはいえ，以下で詳しく説明するように，この費用は市場で正しく評価されません。言い換えれば，環境破壊によって生じる社会的費用は市場取引に反映されません。伝統的に経済学は，市場経済との関連で環境問題を考察してきました。

さて仮に汚染物質の除去装置を設置するとして、その費用は汚染物質を完全に除去する費用でしょうか。それとも汚染物質を一定の許容範囲に抑える費用でしょうか。どの程度、汚染物質を除去するかは社会的に決定される事柄ですが、いずれにしても社会的合意が得られていることを前提として議論を進めましょう。

第9章では部分均衡分析を説明しました。ここでは部分均衡分析の枠組みの中で私的費用と社会的費用の相違を説明しましょう。

たとえば化学製品を生産する企業Mが、生産過程で生じた汚染水を海洋に排出しつつ、工場の操業を続けていたとしましょう。厳密には完全競争市場を想定する以上、同様の企業を多数、仮定する必要がありますが、ここでは説明を簡単にするために企業Mが同種の多数の企業を代表していると考えましょう。

図15-1の右上がりの曲線Sは企業Mが生産する化学製品の供給曲線です。一方、右下がりの曲線Dは化学製品の需要曲線であり、供給曲線と需要曲線の交点Eが化学製品の市場均衡点です。均衡価格p^*が与えられれば、企業は化学製品q^*を市場に供給する一方、消費者は化学製品q^*を需要し、化学製品の供給量と需要量は等しくなります。

完全競争市場で企業が利潤最大化を目指して生産量を決定するとき、よく知られているように製品価格p^*は企業Mの限界費用に一致しました。ただし、製品価格p^*には原材料費や賃金など企業Mが支払う限界費用が含まれますが、工場排水による近隣住民の便益の低下は含まれません。

いま、説明を簡単にするために汚水処理のために化学製品の追加1単位あたり限界費用dがかかると仮定しましょう。汚水処理が行われれば、海洋は汚染されることなく、近隣住民は工場の操業以前の快適な生活を維持できるでしょう。したがって、汚水処理にかかる限界費用dは近隣住民の便益の低下に相当すると考えられます。化学製品の生産には私的限界費用p^*に加えて限界費用dがかかり、社会的限界費用は$p^* + d$になります。

図15-1に、化学製品の供給曲線Sの上方に、この曲線と平行に社会的費用曲線S'を描きました。どの生産水準においても化学製品の社会的限界費用は私的限界費用より一定の限界費用dだけ高くなります。

図15−1 私的費用と社会的費用

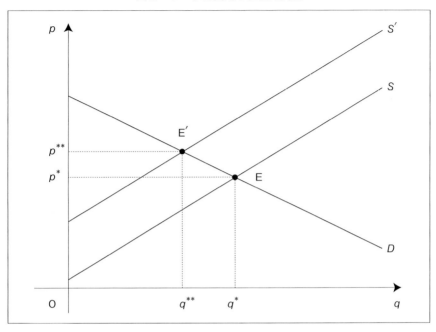

　社会的費用曲線を考慮したとき，化学製品の市場均衡点は，どこに移るでしょうか。社会的費用曲線 S' と需要曲線 D の交点 E' が新しい均衡点です。新しい均衡価格 p^{**} の下で企業は私的限界費用 $p^{**}-d$ を支払い，かつ社会は汚水処理のために限界費用 d を支払うことができるでしょう。なお，これまでの議論から，化学製品の供給曲線 S を，社会的費用曲線に対して私的費用曲線と見なすことができます。

　社会的費用が考慮されたとき，化学製品の市場の均衡点は E' であり，均衡価格 p^{**} の下で化学製品 q^{**} が生産されるでしょう。しかしながら，市場取引では私的費用のみが考慮され，市場均衡点は E になります。均衡価格 p^* の下で化学製品 q^* が生産されます。

　というのは，化学製品の生産に伴う汚染水の処理には限界費用 d を要しますが，企業 M は，この費用を負担する必要はありません。価格評価されない費用は，市場取引の外部にあるという意味で外部性（externality）を持

ち，外部費用（external cost）と呼ばれます。汚染水の処理費用は外部費用です。

　企業は工業用地の使用に対して土地の所有者に地代を支払います。同様に仮に誰かが海洋を所有していれば，企業は海洋の使用に対して海洋の所有者に，その使用料を支払うでしょう。しかし，海洋をはじめ河川や大気，広く土地以外の自然環境に所有権は設定されていません。市場経済では，所有権が設定されていない資源は原則として誰もが無償で使用することができます。

　それでは外部性は市場取引の結果にどのような影響を及ぼすのでしょうか。外部性のために化学製品の市場では，社会的に望ましい水準 q^{**} を超えて化学製品 q^* が生産されます。しかし，外部性の影響は化学製品の市場にとどまりません。社会全体で原材料や労働力などの資源が完全利用されているとき，1つの財の過剰生産は，他のいずれかの市場で財の過少生産を引き起こすでしょう。化学製品が過剰に生産されるとき，化学製品の生産には必要以上に各種資源が投入されています。その一方で，たとえば燃料の生産には十分な資源が投入されていないかもしれません。このとき，燃料の生産量は社会的に望ましい水準を下回ります。

　第9章で，市場では十分な価格変動により最適な資源配分が実現すると述べました。しかし，私的費用と社会的費用が一致しなければ，市場では社会的に望ましい資源配分は実現しません。

　ミクロ経済学は環境問題の本質を外部性による資源配分の歪みと理解します。ミクロ経済学では環境破壊による社会的便益の低下自体は中心的な問題ではありません。中心的な問題は局所的な環境破壊に伴う資源配分の失敗です。

15.3 地球環境問題

　それではマクロ経済学は環境問題をどのように理解しているのでしょうか。前の章では現代の代表的な経済成長の理論を概説しました。その理論において人口成長率は一定であり，人口成長は人々の経済活動から独立な経済成長の与件でした。

もっとも，現代の代表的な経済成長の理論が所与としたのは人口成長ばかりではありません。実は人口成長と並んで自然環境も経済成長の暗黙の与件でした。

マクロ的生産関数

$$Y = F(K, L)$$

において純生産物 Y は資本設備 K と労働 L を投入して産出されますが，資本設備 K は本来，自然に由来します。人々は自然から鉄や銅などの各種鉱物資源を獲得した上で，幾多の生産工程を経て機械や工場設備を製造しました。また近代社会における生産技術は主に自然科学の応用であり，人々は自然の物理的化学的作用に依存して有用な財を生み出しました。

自然環境と自然法則なしには生産活動を展開することはできません。マクロ的生産関数において自然環境は明示されません。しかし，自然環境は経済成長の前提です。

こうして，与えられた自然環境の下で有用な財やサービスが生産されますが，生産活動は場合によっては，その前提である自然環境を傷つけてしまうかもしれません。産業廃棄物や工場廃水による河川や湖沼，海洋の汚染は，その典型的な例です。

それでも，この環境破壊が局所的な破壊にとどまる限り，自然環境は，なお経済成長の与件と見なすことができます。自然は復元力を持ち，自然破壊が一定の限度内であれば，自ら再生するでしょう。

長い間，自然界において人間の影響が及ぶ範囲は狭く，生産活動が引き起こす環境破壊は局所的な破壊にとどまりました。人間の生産力が一定の範囲にある限り，どんなに深刻な自然破壊であっても，個別の環境問題は基本的に1つの地域の，あるいは1つの国の問題に限定されました。ところが，経済成長と技術進歩を通じて人間の生産力が飛躍的に高まると，環境問題はもはや主権国家の枠組みに収まらなくなります。

石炭や石油などの化石燃料をエネルギー源とする生産活動は，二酸化炭素（CO_2），メタン（CH_4），一酸化二窒素（N_2O）などのガスを大気中に放出します。これらのガスは，気候変動や海面水位の上昇など地球温暖化の主な

原因と見なされ，温室効果ガスあるいは温暖化ガスと呼ばれます。

　本来，地表面で発生した熱は地球外へと放出されます。しかし，温暖化ガスは，地表面で発生した熱を吸収しており，温暖化ガスが増加すれば，地球外へと放出される熱が減少し，地球温暖化が促進されると考えられています。ここでは，温暖化ガスの代表として二酸化炭素を取り上げ，その排出量の変化を確認しましょう。

　図15－2に地球規模での二酸化炭素の排出量の変化を図示しました。図15－2では1751年から2014年までの二酸化炭素の排出量が炭素換算されて表示されています。

　グラフ全体から見れば1751年から1901年までの150年間，二酸化炭素排出量は，ほとんど変化がありません。ところが，1901年を過ぎると二酸化炭素排出量は徐々に増加し，1951年以降は急勾配で増加を続けます。ところで，このホッケースティック型カーブに見覚えはないでしょうか。

　二酸化炭素排出量のグラフは，第2章の図2－2に示した2つのグラフに，よく似ています。図2－2では日本とイギリスの1人あたり国内総生産の長期動向が示されました。どちらのグラフも水平方向での移動の後，離陸が始まります。もちろん，図2－2と図15－2の間で，ほぼ水平方向での移動からの離陸が始まる時点は一致しません。図2－2で，イギリスと日本の1人あたり国内総生産の離陸が始まる時点がそれぞれ，1820年頃と1870年頃であり，一方，図15－2では，すでに述べたように1901年頃から離陸が始まりました。

　さらに図15－3に世界の1人あたり国内総生産の推移を示しました[2]。世界の1人あたり国内総生産というと多少，奇妙に聞こえるかもしれません。正確には世界の1人あたり純生産物というべきでしょう。ともあれ，世界の1人あたり国内総生産は1870年頃から離陸が始まりました。

　世界の1人あたり国内総生産が19世紀後半から上昇を始め，やや遅れて地球規模の二酸化炭素排出量が20世紀に入って上昇に向い，その後，両者は歩調を合わせ，ますます増大する速度で上昇を続けました。一連の事実は何を表すのでしょうか。世界全体での1人あたり国内総生産と地球規模の二酸化炭素排出量の関連は前者の上昇が後者の増加を引き起こしたことを強く示唆

図15-2　二酸化炭素排出量：1751-2014

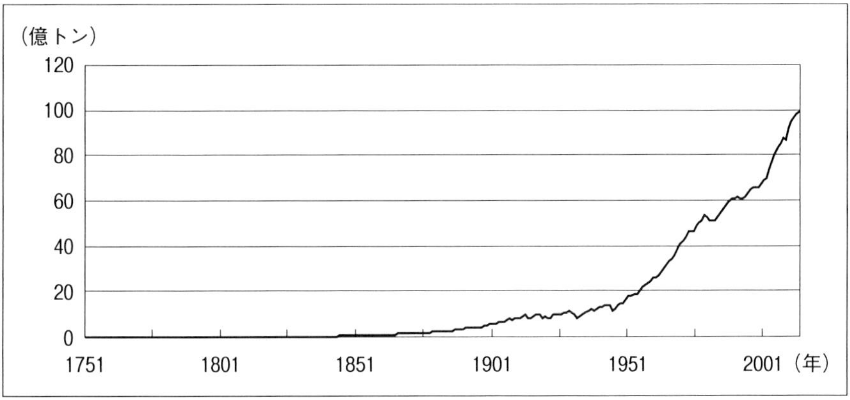

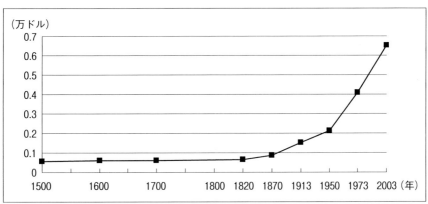

注：炭素換算。
出所：二酸化炭素情報分析センター「世界，地域，国内化石燃料 CO_2 排出量」2017年。

図15-3　世界の1人あたり国内総生産：1500-2003

注：1990 Geary-Khamis 国際ドル評価。
出所：Maddison [2007]．

します。

　第2章では1人あたり国民所得の上昇が各国の産業革命に始まることを明らかにしました。その上で各国における1人あたり国民所得の上昇が積み重なり，二酸化炭素をはじめとする温暖化ガスの排出量を急激に高め，その結

果,地球温暖化を引き起こしたとすれば,地球環境問題は,根源的に産業革命が誘発した社会問題と言えるでしょう。

　産業革命以来,人間の生産力は飛躍的に高まり,人々は,かつてなく豊かな物質的生活を送ることができるようになりました。と同時に,人間の生産活動は,いまや自然環境に大域的な影響を及ぼし,地球規模での環境破壊を引き起こすほどになりました。地球温暖化は典型的な地球環境問題です。私たちはもはや自然環境を経済成長の暗黙の与件と見なすことはできません。自然環境に生じた変化も人口成長と同様,経済成長の所産です。

注:
(1) 石井邦宜監修『20世紀の日本環境史』,社団法人産業環境管理協会,2002年。井上堅太郎著『日本環境史概説』,大学教育出版,2006年。
(2) Maddison, A., *Contours of the World Economy, 1-2030AD*, Oxford University Press, 2007.

索　引

あ　行

アジア通貨危機 …………………… 123
一般均衡分析 ……………………… 106
一般的交換手段 ……………………… 71
一般物価水準 ………………………… 91
インフラストラクチャー ………… 151
インフレーション …………………… 60
運転資金 …………………………… 127
遠隔地交易 …………………………… 6
温室効果ガス ……………………… 186
温暖化ガス ………………………… 186

か　行

外部性 ……………………………… 183
外部費用 …………………………… 184
価格変動 ……………………………… 62
拡大再生産 …………………………… 30
家計 …………………………………… 45
過剰生産恐慌 ……………………… 121
価値尺度財 …………………………… 72
価値貯蔵手段 ………………………… 73
家内工業 ……………………………… 46
株式 …………………………………… 81
株式発行市場 ………………………… 84
株式流通市場 ………………………… 84

株主 …………………………………… 83
貨幣 …………………………………… 54
貨幣数量説 ………………………… 134
貨幣体系 …………………………… 134
貨幣賃金率 …………………………… 57
貨幣取引 ……………………………… 54
貨幣の起源 …………………………… 73
カルドア …………………………… 156
間接金融 ……………………………… 80
間接交換 ……………………………… 55
完全競争市場 ……………………… 106
完全失業率 ………………………… 110
管理通貨制度 ………………………… 76
機械 …………………………………… 33
機械制大工業 ………………………… 42
機械体系 ……………………………… 33
機関投資家 …………………………… 85
企業 …………………………………… 49
企業所得 ……………………………… 11
気候変動に関する政府間パネル …… 181
技術進歩 …………………………… 149
技術進歩率 ………………………… 169
技術代替 …………………………… 149
規制緩和 ……………………………… 61
規模に関して収穫一定 ……………… 35
キャピタル・ゲイン ………………… 82

索引

キャピタル・ロス	82
供給関数	96
供給余力	89
強制貯蓄	91
京都議定書	181
均衡	97
銀行	78
均衡価格	98
均衡取引量	98
均斉成長経路	168
近代経済成長	17
近代社会	3
金本位制	75
金融危機	60
金融システム	125
金融政策	61
金融仲介機能	86
金融取引	90
クズネッツ	17
クラーク	28
クレジット・クランチ	130
グローバル金融危機	125
経営組織	46
景気回復	109
景気基準日付	110
景気後退	109
景気循環	61
景気動向指数	110
景気の谷	112
景気の山	112
経済活動	2
経済恐慌	121
経済構造	7
経済指標	110
経済主体	52
経済成長率	114
経済の安定	61
経済変動	7
経済問題	2
計算単位	72
限界費用	182
現金通貨	76
原材料	10
公害	179
交換手段	67
広義の工業生産	27
広義の農業生産	27
好況	108
工業化	4
公共財	60
公共施設	9
工業社会	6
工業生産	5
鉱工業生産指数	15
工場制手工業	47
工場制度	47, 48
更新投資	79
公的機関	74
公的金融機関	85, 86
高度経済成長期	144

高齢化 …………………………… 177
高齢化率 ………………………… 177
高齢者 …………………………… 173
コース …………………………… 66
国内総生産 ……………………… 12
国民経済計算体系 ……………… 11
国民所得 ………………………… 9
国民総所得 ……………………… 12
国民総生産 ……………………… 12
穀物収穫率 ……………………… 36
個人投資家 ……………………… 85
古典派の二分法 ………………… 134
子供 ……………………………… 173
雇用者報酬 ……………………… 155
コンポジット・インデックス ……… 110

さ 行

債券価格 ………………………… 82
債券市場 ………………………… 82
債券利子率 ……………………… 83
財産所得 ………………………… 155
財市場 …………………………… 72
財政政策 ………………………… 61
最適な資源配分 ………………… 105
財の購入 ………………………… 71
財の生産の構成 ………………… 24
財の販売 ………………………… 71
作業規律 ………………………… 48
サブプライムローン問題 ………… 125
産業 ……………………………… 21

産業革命 ………………………… 2
産業構造 ………………………… 22
産出 ……………………………… 33
ジェボンズ ……………………… 67
資源配分の失敗 ………………… 184
資源配分の調整機能 …………… 60
資産運用 ………………………… 79
支出国民所得 …………………… 149
市場経済 ………………………… 7
市場取引 ………………………… 6
市場メカニズム ………………… 52
市場理論 ………………………… 105
自然経済 ………………………… 6
自然増加率 ……………………… 170
実質国内総生産 ………………… 13
実質国民所得 …………………… 12
実質賃金率 ……………………… 134
実質利子率 ……………………… 137
実物体系 ………………………… 134
私的費用 ………………………… 182
児童労働 ………………………… 176
地主 ……………………………… 154
死亡率 …………………………… 170
資本 ……………………………… 53
資本財 …………………………… 59
資本産出量比率 ………………… 157
資本所得 ………………………… 157
資本生産性 ……………………… 38
資本設備 ………………………… 36
資本損失 ………………………… 82

資本分配率	158	人口成長	146
資本利得	82	人口成長率	146
資本労働比率	157	人口転換	173
社会的再生産	65	新古典派経済成長理論	168
社会的費用	181	新投資	79
社会的費用曲線	182	信用収縮	130
社債	81	信用創造	86
社債市場	81	信用取引	127
週市	63	スタグフレーション	119
就業人口	22	ストック	159
集権的職能部制組織	50	スミス	47
出生率	170	生産関数	34
需要関数	96	生産技術	34
需要曲線のシフト	102	生産財	59
循環的成長	145	生産財生産企業	59
純生産物	10	生産財生産部門	59
準備	86	生産主体	45
少産少死	172	生産手段	33
少子化	174	生産設備	9
小農経営	44	生産組織	48
消費財	9	生産要素	34
消費財生産企業	59	政府	60
消費財生産部門	59	設備投資	79
消費者物価指数	118	ゼロ成長	142
消費主体	45	前近代社会	6
剰余生産物	64	先進工業諸国	2
食料危機	30, 120	先進国	9
所得の再分配	60	総生産物	10
所得分配	154	相対価格	104
所有権	61		

た 行

第 1 次産業 …………………………… 22
第 2 次産業 …………………………… 22
第 3 次産業 …………………………… 22
第一次石油危機 …………………… 132
兌換紙幣 ……………………………… 75
多産多死 …………………………… 172
単純再生産 …………………………… 29
地域交易圏 …………………………… 63
地球温暖化 ………………………… 185
地球環境問題 ……………………… 179
地代 ………………………………… 154
地方銀行 ……………………………… 86
中央銀行 ……………………………… 85
中央銀行券 …………………………… 85
超過供給 ……………………………… 56
超過需要 ……………………………… 56
直接金融 ……………………………… 80
直接交換 ……………………………… 54
貯蓄 …………………………………… 79
通貨危機 …………………………… 123
定期市 ………………………………… 66
定型化された事実 ………………… 157
ディフュージョン・インデックス … 110
デフレーション …………………… 137
道具 …………………………………… 33
投資 …………………………………… 79
投資財 ………………………………… 59
投資資金 ……………………………… 79

投入 …………………………………… 33
都市化 ………………………………… 4
都市銀行 ……………………………… 86
土地 …………………………………… 33
取引技術 ……………………………… 66
取引制度 ……………………………… 66
取引費用 ……………………………… 62
ドル・ショック ……………………… 76
問屋制家内工業 ……………………… 46

な 行

内部留保 ……………………………… 80
二酸化炭素排出量 ………………… 186
2 部門モデル ………………………… 59
日本銀行 ……………………………… 85
乳幼児死亡率 ……………………… 175
ニュメレール ………………………… 72
年市 …………………………………… 63
農業社会 ……………………………… 5
農業生産 ……………………………… 5

は 行

配当金 ………………………………… 83
ハイパーインフレーション ……… 132
ハイパワード・マネー ……………… 87
発展途上国 …………………………… 9
バブル経済 ………………………… 125
ピケティ …………………………… 159
必要生産物 …………………………… 63
一人あたり国民所得 ………………… 9

194　索　引

フィッシャー……………………134
フィッシャーの交換方程式………134
付加価値……………………………10
不換紙幣……………………………76
不況………………………………109
物品貨幣……………………………75
部分均衡分析………………………95
プラス成長………………………142
不良債権…………………………125
フロー……………………………159
プロセス・イノベーション……150
プロダクト・イノベーション…150
プロト工業化………………………46
分業…………………………………47
分権的事業部制組織………………50
分配国民所得……………………155
平均寿命…………………………177
ペティ………………………………28
ペティ＝クラークの法則…………28
法定準備率…………………………87
補塡需要……………………………10

ま　行

マイナス成長……………………142
マクロ経済…………………………52
マクロ経済学………………………10
マクロ経済統計…………………110
マクロ経済の基本構造……………55

マクロ的生産関数………………146
マディソン…………………………15
マネー・ストック…………………77
マネタリー・ベース………………87
マルクス…………………………159
ミクロ経済学……………………105
民間金融機関………………………85
名目価格…………………………104
名目国内総生産……………………13
名目国民所得………………………12
名目利子率………………………137
モントリオール議定書…………181

や　行

預金通貨……………………………76
預金取扱金融機関…………………77
預金封鎖…………………………129

ら　行

リーマン・ショック……………125
利潤率……………………………157
労働…………………………………33
労働市場……………………………72
労働所得…………………………157
労働生産性…………………………28
労働力の再生産……………………53
労働分配率………………………158

＜著者紹介＞

関根　順一（せきね　じゅんいち）

九州産業大学経済学部教授

1986年3月　九州大学経済学部卒業
1994年10月　博士学位取得（経済学専攻）
2005年4月　九州産業大学経済学部教授（現在に至る）

[主要著書]
『持続的経済成長と技術進歩』中央経済社，1995年
『土地支配の経済学』中央経済社，2003年
『基礎からわかる経済変動論』第2版，中央経済社，2015年

現代の経済

2019年4月1日　第1版第1刷発行
2025年1月20日　第1版第2刷発行

著　者　関　根　順　一
発行者　山　本　　　継
発行所　㈱中央経済社
発売元　㈱中央経済グループ
　　　　パブリッシング

〒101-0051　東京都千代田区神田神保町1-35
電　話　03 (3293) 3371 (編集代表)
　　　　03 (3293) 3381 (営業代表)
https://www.chuokeizai.co.jp
製版／三英グラフィック・アーツ㈱
印刷・製本／㈱デジタルパブリッシングサービス

Ⓒ 2019
Printed in Japan

＊頁の「欠落」や「順序違い」などがありましたらお取り替えいたしますので発売元までご送付ください。(送料小社負担)

ISBN978-4-502-29881-3　C3033

JCOPY〈出版者著作権管理機構委託出版物〉本書を無断で複写複製 (コピー) することは，著作権法上の例外を除き，禁じられています。本書をコピーされる場合は事前に出版者著作権管理機構 (JCOPY) の許諾を受けてください。
JCOPY〈https://www.jcopy.or.jp　e メール：info@jcopy.or.jp〉

本書とともにお薦めします

新版
経済学辞典

辻　正次・竹内　信仁・柳原　光芳〔編著〕　　四六判・544頁

本辞典の特色

- 経済学を学ぶうえで，また，現実の経済事象を理解するうえで必要とされる基本用語約 1,600 語について，平易で簡明な解説を加えています。

- 用語に対する解説に加えて，その用語と他の用語との関連についても示しています。それにより，体系的に用語の理解を深めることができます。

- 巻末の索引・欧語索引だけでなく，巻頭にも体系目次を掲載しています。そのため，用語の検索を分野・トピックスからも行うことができます。

中央経済社